图书馆文献资源建设与创新服务研究

刘丽 著

吉林出版集团股份有限公司 | 全国百佳图书出版单位

图书在版编目(CIP)数据

图书馆文献资源建设与创新服务研究 / 刘丽著. —
长春：吉林出版集团股份有限公司，2023.4
ISBN 978-7-5731-3172-0

Ⅰ. ①图… Ⅱ. ①刘… Ⅲ. ①图书馆－文献资源建设－研究 Ⅳ. ①G253

中国国家版本馆 CIP 数据核字(2023)第 057640 号

图书馆文献资源建设与创新服务研究

TUSHUGUAN WENXIAN ZIYUAN JIANSHE YU CHUANGXIN FUWU YANJIU

著　　者：刘　丽
出 版 人：吴　强
责任编辑：蔡宏浩
开　　本：787mm×1092mm　1/16
字　　数：180 千字
印　　张：9.5
版　　次：2023 年 4 月第 1 次
印　　次：2023 年 8 月第 1 版印刷

出　　版：吉林出版集团股份有限公司
发　　行：吉林音像出版社有限责任公司
地　　址：吉林省长春市南关区福祉大路 5788 号
电　　话：0431－81629679
印　　刷：三河市嵩川印刷有限公司

ISBN 978-7-5731-3172-0　　　　　　　定　价：50.00 元

前　言

　　随着现代社会科学技术和社会文化的高度发展，社会的文献信息量呈爆炸式增长，文献信息的类型多种多样。开发和利用文献信息资源，需要将分散、无序的文献信息，建设成有序的整体系统。建设是开发的前提，没有对文献信息资源的建设，就谈不上开发和利用，所以，文献资源的建设是一项重要的基础建设工作。在信息社会和知识经济时代，随着学科间的互相渗透，一些新的学科出现。与此同时，人们的知识结构出现了新的改变，这就要求图书馆提供越来越高的服务质量。在新的发展时期，图书馆面对时代的挑战和发展的机遇，这就需要建设图书馆文献资源与实现服务的创新，从而与用户的要求相符合，时刻保持先进性。为此，如何继续为读者提供更加优质的文献信息服务，如何继续做好图书馆文献信息资源的建设工作，是值得研究的重要问题。

　　本书通过紧密联系图书馆实际工作，进行深入研究，阐述了图书馆文献资源建设与创新服务的策略，旨在更好地为广大用户提供服务。紧紧围绕图书馆文献信息资源采访、文献信息资源管理、文献资源建设、图书馆数字资源建设与评价、学科馆员制度建设以及图书馆文献信息资源共建共享服务等相关内容进行重点研究，结合图书馆工作实践展开的理论研究和实践探讨，具有很较强的学术性和实践性及参考价值。本书还具体联系中小学和高校的图书馆文献资源的建设与服务创新进行研究，对学校内的图书馆文献资源建设和服务的创新具有一定的启发意义。

　　本书在撰写的过程中参考了一些图书馆资深专家学者、图书馆工作者的研究成果，谨向他们致谢！由于作者水平有限、时间仓促，疏漏和错误在所难免，恳请广大读者给予指正！

作　者

2022 年 12 月

目　　录

第一章 文献及文献资源概述

几千年来，人类在改造自然和社会的实践活动中，获得了来自客观世界的各种信息，这些信息经过人类大脑的提炼和加工，逐渐转变为知识。但知识必须依赖一定事实上的物质载体才能存在。早期社会，人类是通过自身的大脑来存储和传播知识的，由于各种因素的影响和制约，存储在人类大脑的知识很难跨越空间和时间。随着社会生产力的发展，人类打破了自身的束缚，寻找到了一种身体外的物质载体，将知识转化为一些有规律的信息符号记录在载体上，这种新的物质载体就是文献。文献作为人类精神与物质相结合的产物，是人类知识信息及活动的记录，是科学知识存在和表现的形式。

作为人类传递知识情报的重要手段，文献是图书情报工作的一个基本要素，是文献资源建设的直接对象。因此，掌握文献的基本知识，了解文献的基本概念，把握文献的特征和特点，对于有效地建设高校图书馆文献资源，具有十分重要的作用。

第一节 文献的概念

文献的概念是随着历史的发展而变化的。孔子论语《八佾》最早提出"文献"一词："夏礼，吾能言之，杞不足征也；殷礼，吾能言之，宋不足征也。文献不足故也。足，则吾能征之矣。"意思为孔子说："夏朝的礼，我能说得出来，夏朝后裔的封地杞那个地方所保留的文献不足以征信了。殷商的礼，我能说得出来，商朝后裔的封地宋国那个地方所保留的文献不足以征信了。这是因为文献保存得不足的缘故。如果文献足够了，那么我就能用来证明我所说的两朝的礼使人们相信。"对于孔子所说的文献，宋代的朱熹在《四书章句集注》中注释为："文，典籍也，献，贤也。"典籍是指有关典章制度的文字资料，而献同贤，是指见多识广、满腔经纶的贤人。这说明古人研究历史，不仅要依靠书本文字记载的资料，而且还要借助于那些贤人口耳相传。可见那时的"文献"一词包含着"典籍"和"贤人"两个方面的含义。

后来，"文献"一词的概念发生了较大的变化。元代马端临在《文献道考·总序》中对"文献"做了比较具体的注释。他认为："凡经、史、会要，百家传记藏书，信而有证者，谓之文；凡臣僚之奏疏、诸儒之评论、名流之燕谈、稗官之记录等，一语一言，可以订典故之得失，证史传之是非者，为之献。"可见，随着人类记录知识手段的发展进步，书籍文章的增多，"文献"一词偏向于"文"，逐渐演变为专指那些具有历史价值的文章和图书，而"贤"的含义逐渐消失。

随着科学技术的迅速发展，新的知识不断产生，各种各样记录知识信息的载体大量涌现，各种各样记录知识信息的方式不断被发明，文献概念的外延不断扩大。文献是用文字、图形、符号、声频、视频等技术手段记录人类知识的一种载体，或者是固化在一定物质载体上的知识。它不仅包括各种图书和期刊，而且包括会议文献、科技报告、专利文献、学位论文、科技档案等各种类型的出版物，甚至包括用声音、图像以及其他手段记录知识的全部现代出版物，是记录、积累、传播和继承知识的最有效手段，是人类社会活动中获取情报的最基本、最主要的来源，也是交流传播情报的最基本手段。

第二节　文献的类型

现代文献的出版早已突破传统纸张印刷品的范围。了解现代文献的类型，将有助于我们有计划、有目的地建设高校图书馆文献资源，并进行科学的组织与管理。

依据载体形式、内容性质和加工程度、出版类型，文献大致可以划分为以下几种类型：

一、按文献的载体形式划分

原始文献：通过手工刻录在龟板、钟鼎、布帛、竹简、泥板、蜡板、羊皮等载体上的一类文献。

印刷型文献：通过铅印、油印和胶印等手段，将知识固化在纸张上的一类文献。例如，图书、期刊以及各种印刷资料。这是一种有着悠久历史的传统文献形式，至今仍广为应用。它的主要优点是便于阅读和流传，缺点是体积大、信息密度低。

缩微型文献：以印刷型文献为母本，以缩微材料为载体，采用光学摄影技术将文献的影像，固化在感光材料上的一类文献。常见的缩微型文献有缩微平片和缩微胶卷两种。这种文献的优点是体积小、信息密度高，缺点是阅读必须借助阅读机或利用缩微复印机。

声像型文献：这是一种非文字形式的文献。常见的有各种视听资料，如：唱片、录音带、电影胶片、激光声视盘(CD-ROM)、幻灯片等。文献记录声音和图像，通过唱机、录音机、录像机、放映机和投影仪等予以重现，可以使人闻其声、观其形。

电子型文献：利用现代计算机技术，将各种声音、图像、文字、数据录入光盘等磁性材料和光学材料上，通过计算机实现重放或检索利用的一种文献。常见的是各种已录有内容的磁带、磁盘和光盘。这种文献的存储、阅读和查找利用都须通过计算机才能进行，所以既有信息量大、查找迅速的优点，又有设备昂贵、使用费用高的缺点。

网络型文献：以虚拟的网络为载体，能满足用户信息需求、改变用户知识结构的文献信息。例如，电子期刊、电子图书、电子报纸、各种类型的数据库、会议论文、科技论文、标准信息、数字图书馆等。

二、按文献的内容性质和加工程度划分

依据内容性质和加工程度的不同，文献有不同的级次，通常有以下四个类型：

零次文献：指作者本人未经出版发行的原始文献，包括私人笔记、底稿、手稿、个人通信、新闻稿、工程图纸、考察记录、实验记录、调查稿、原始统计数据、技术档案等。此类文献与一次文献的主要区别在于其记录的方式、内容的价值以及加工深度有所不同等。由于没有进入出版、发行和流通渠道，零次文献收集利用十分困难，一般不能作为我们利用的文献类型。

一次文献：亦称原始文献，它是作者首次出版的原始创作，如：图书专著、期刊论

文、科技报告、会议论文、专利说明书等。一次文献是以生产活动、科学研究的第一手研究成果为依据而创作的文献，其内容先进，观点成熟，叙述具体，介绍详尽，参考价值大，是广大读者学习参考的主要文献，是主要的信息来源，是产生二次、三次文献的基础。

二次文献：即在一次文献的基础上进行加工、提炼、压缩和整理之后而成的检索工具，如：各种目录、题录、索引、简介和文摘等，又称为"检索性文献"或"通报性文献"。二次文献是图书情报工作者为了便于读者全面了解和准确查找所需的一次文献资料，在大量收集一次文献的基础上，经过分析、归纳、重组后出版的，用以检索、通报、控制一次文献，帮助广大读者在较少时间内获得较多文献信息的工具。它具有较强的汇集性、工具性、综合性和系统性，是储藏、利用一次文献的主要的、科学的途径。

三次文献：利用二次文献提供的线索，选用大量一次文献的内容，经系统分析、综合和评述再度出版的文献，如：综述研究类（包括专题述评、总结报告、动态综述、进展通信、信息预测、未来展望等），参考工具类（包括年鉴、手册、百科全书、词典、大全等），文献指南类（包括专科文献指南、工具书目录等），是高度浓缩加工的再生科研文献。三次文献源于二次文献又高于二次文献，具有内容集中、针对性强、参考性好、指导性优的特点，是人们掌握信息的主要资料。

三、按文献的出版类型划分

依据出版类型，文献一般可分为以下十个类型。

（一）图书

论述或介绍某一领域知识，具有独立的内容体系、相当篇幅和完整装帧形式的出版物。图书又可分为三类：一类是阅读性图书，如：教科书、科普读物和一般生产技术图书、单卷书、多卷书和丛书；一类是检索性工具图书，如：书目、索引和文摘；一类是参考性工具图书，如：指南、手册、年鉴、百科全书、辞典和字典等。图书往往是著者在经验积累的基础上或以长期科学研究的研究成果为基础，经分析归纳后编写而成的。

1. 教科书：供师生学习、分析、研究、探索用的基本资料。如：《高等数学》《经济学》《生物学》《大学英语》《大学物理》等。

2. 科普读物：科普就是把人类研究开发的科学知识、科学方法，以及融化于其中的科学思想和科学精神，通过多种方法，多种途径传播到社会的方方面面，使之为公众所理解，用以开发智力，提高素质，培养人才，发展生产力，并使公众有能力参与科技政策的决策活动，促进社会的物质文明和精神文明。科普读物就是与科学技术普及有关的书籍，如：《量子物理史话》《十万个为什么》《游戏中的科学》《改变世界的方程：牛顿、爱因斯坦和相对论》《时间简史》《爱因斯坦、相对论一百年》《索拉里斯星》《天使与魔鬼》《夏娃的七个女儿》《走近爱因斯坦》等。

3. 一般生产技术图书：指将工业生产过程中的技术用文字的形式记录并公开的资料。如：《曲轴模锻生产技术》《烟花爆竹安全管理与安全生产技术》等。

4. 单卷书：以单行本形式出版的著作，每本书的内容都是完整的。如：《坝基红层软岩工程地质研究与应用》《英美文学名著赏析》（上下册）、《行政处罚释义与案例评析》等。

5. 多卷书：分成两卷或两卷以上出版的一个完整的著作，各卷在一个总书名下，一般不再命名各卷的书名。如：撰修于元朝末年的多卷本史书《宋史》、由人民军医出版社策划出版的我国一部内容最为全面系统的大型多卷本高级参考书《神经病学》、由中国社会科学院近代史研究所文化室策划出版的以社会史和文化史相结合的多卷本套书《近代中国社会文化变迁录》等。

6. 丛书：又称丛刊、丛刻、汇刻书、套书，是把各种单独的著作汇集起来，给它冠以总名的一套书。其形式分为综合性的和专门性的两种。中国的丛书，一般认为始于南宋，俞鼎孙、俞经的《儒学警语》，它刻于1201年，以后各代多有编纂，比较有名的丛书如《四库全书》《四部丛刊》《四部备要》等。其中，《四库全书》的部头之大，堪称中国古代丛书之最，共收书3 503种，79 337卷，约9.97亿字。古代丛书多为综合性的丛书。目前，专门性丛书出版较多，如：《园林绿化草坪建植与养护——当代草坪建植技术丛书》《中小学教师教学艺术丛书》《生活小顾问咨询丛书》《生态旅游与法律丛书》等。

7. 书目："是著录一批相关文献，并按照一定的次序编排而成的一种揭示与报道文献的工具。"如：《全国新书目》《比利时书目》《中学生必读书目》等。

8. 索引：将文献中某些重要的、具有检索意义的事项如：书名（篇名）、著者（出版者）、出版地、引用文献、关键词（主题词）、人名、地名、词语、概念等，根据一定的需要摘录出来，按照一定的方式有序编排起来，以供检索的工具书。如《全国报刊索引》《中文社会科学引文索引》《工程索引》《中华人民共和国行政区划索引》等。

9. 文摘：通过搜集首次出版的文献，对某一给定知识领域的文献进行全面的报道，充分地摘录和标引，并按照一定的著录规则与排列方式系统地编排起来，使相关文献尽可能迅速、广泛和方便地被人们获得。文摘不仅记录文献的基本书目信息，而且提供文献的内容梗概，是系统报道、积累和检索文献的重要工具。如：《报刊文献》《计算机应用文摘》《读者文摘》《化学文摘》《医学文摘》等。

10. 指南：介绍有关文献、科学研究进展、人物、组织机构、旅游景点、贸易等情况，并经过系统编排的一览表，是读者了解有关情况的重要工具书。如：《商务指南》《电视指南》《2008 年中考指南》《创业指南》《手足口病预防控制指南》等。

11. 手册、年鉴：手册是将某一方面经常需要查考的资料，如：某方面的基础知识，一些基本数据、公式、条例等汇集而成的工具书，一般分为综合性和专业性两类。如：《高考专业选择与志愿填报完全指导手册》《员工手册》《汽车维修手册》《机械设计手册》《深圳手册》《旅游手册》等。年鉴是以全面、系统、准确地记述上年度事务运动、发展状况为主要内容的资料性工具书。它汇编一年内的重要时事、文献和统计资料，如：当年的政府公报、国家重要报刊的报道和统计部门的数据等，按年度连续出版；它博采众长，集辞典、手册、年表、图录、书目、索引、文摘、表谱、统计资料、指南、便览于一身，具有资料权威、反应及时、连续出版、功能齐全的特点。主要作用是向人们提供一年内全面、真实、系统的事实资料，便于了解事物现状和研究发展趋势。年鉴分综合性年鉴和专业性年鉴两种，综合性年鉴如《中国年鉴》《世界年鉴》《百科年鉴》《申报年鉴》《上海市年鉴》《湖北年鉴》《台湾年鉴》等，专业性年鉴如《中国经济年鉴》《中国电影年鉴》《中国信息年鉴》《中国统计年鉴》《长江年鉴》等，比较著名的年鉴有《世界年鉴》《咨询年鉴》《惠特克年鉴》和《政治家年鉴》等。

12. 百科全书：概要记述人类一切知识门类或某一知识门类、内容非常完备的工具书。它是一个国家和一个时代科学文化发展的标志。百科全书的主要作用是供人们查检必要的知识和事实资料，扩大视野和帮助系统求知，其完备性在于它几乎包容了各种工具书的成分，囊括了各方面的知识。如：《不列颠百科全书》《美国百科全书》《苏联大百科全书》《世界大百科事典》《中国大百科全书》《中国军事百科全书》《中国食品百科全书》《中国古代百科全书》《中国儿童百科全书》等。

13. 辞典(词典)：主要用来解释词语的意义、概念、用法的工具书。广义的词典包括语文词典及各种以词语为收录单位的工具书；狭义词典仅指语文词典。其整体结构一般由前言、凡例、正文、附录、索引等部分组成。正文以词条的形式解释词目，词条实现有序化编排。从不同的标准或特征出发，词典可分多种类型。汉语词典从内容上分为语文词典、学科(百科)词典、专名词典三类。如:《考林斯英语词典》《汉语大词典》《牛津英语词典》《辞海》《牛津高阶英语词典》《佛学大词典》《英汉电子工程辞典》《科学技术社会辞典》《税收辞典》等。随着科学技术的发展,辞典逐步电子化,通过在线网络就可以轻松方便地查找到自己所需要的资料。

14. 字典:字典是为字词提供音韵、意思解释、例句、用法等的工具书。字典可分为详解字典和特种字典两种:详解字典是就字的形、音、义进行全面解释,如:《新华字典》《汉语大字典》等;特种字典亦称专门字典,它仅就字的某一方面进行解释,如:正字字典、正音字典、虚字字典、难字字典等。现代字典都提供了很多功能,其中,最主要的两大功能分别是:以沟通为主,帮助对文字的理解及翻译;以知识为主,针对某事物来寻获知识。

(二)期刊

它又名杂志,一般是指出版周期相对固定,有固定的名称,有卷期或年月标志,围绕某一主题、某一学科或某一研究对象,汇集多位作者的多篇文章、资料或线索,由专门的编辑机构编辑出版的一种连续出版物。按照期刊反映的内容,期刊可以分为学术性期刊、政论性期刊、行业性期刊、资料性期刊、检索性期刊、报道性期刊、评述性期刊、通俗性期刊和文学艺术性期刊等种类。如:《科学决策》《南风窗》《岩土工程学报》《党建研究(内参)》《全国报刊索引》《畅销书摘》《党政论坛》《读者》《小说月报》等。

(三)专利文献

专利文献通常指各国专利局的正式出版物,包括专利说明书、专利公报、专利文摘、专利索引和专利分类表等。专利文献的主体是专利说明书,还包括专利公报、专利检索工具及有关的法律文件等。所谓专利说明书是指专利申请人向专利局递交的有关发明目的、构成和效果的技术文件。它经专利局审核后,向全世界出版发行。专利说明书的内容比较具体,有的还有附图,通过它可以了解该项专利的主要技术内容。专利文献包括一次专利文献,如:专利说明书;二次专利文献,如专利公报、专利题录、专利文摘;专利分类资料,如:专利分类、分类表索引、关键词索引等。

(四)标准文献

标准文献是指经公认权威机构(主管机关)批准的一整套在特定范围(领域)内必须执行的规格、规则、技术要求等规范性文献。其中,主要为工业产品和工程建设的质量、规格和检验方法等的技术规定文件。标准按性质可划分为技术标准和管理标准。技术标准按内容又可分为基础标准、产品标准、方法标准、安全和环境保护标准等;管理标准按内容分为技术管理标准、生产组织标准、经济管理标准、行政管理标准、管理业务标准、工作标准等。标准按适用范围可划分为国际标准、区域性标准、国家标准、专业(部)标准和企业标准，按成熟程度可划分为法定标准、推荐标准、试行标准和标准草案等。一个国家的标准文献反映着该国的生产工艺水平和技术经济政策，而国际现行标准则代表了当前世界水平。国际标准和工业先进国家的标准常是科研生产活动的重要依据和情报来源。国际上最重要的两个标准化组织是国际标准化组织(ISO)和国际电工委员会(IEC)。

(五)会议文献

会议文献是指产生于国际或国内重要的学术或专业性会议的论文、报告及有关文件的总称。会议文献多数以会议录的形式出现。会议文献可分为会前、会间和会后三种形式。会前文献包括征文启事、会议通知书、会议日程表、预印本和会前论文摘要等。其中，预印本是在会前几个月内发至与会者或公开出售的会议资料，比会后正式出版的会议录要早1~2年，但内容完备性和准确性不及会议录。有些会议因不再出版会议录，故预印本就显得更加重要。会议期间的会议文献有开幕词、讲话或报告、讨论记录、会议决议和闭幕词等。会后文献有会议录、汇编、论文集、报告、学术讨论会报告、会议专刊等。其中，会议录是会后将论文、报告及讨论记录整理汇编而公开出版或发表的文献。会后文献是主要的会议文献。由于没有固定的出版形式，会议文献一般刊载在学会协会的期刊上，作为专号、特辑或增刊，或者发表在专门刊载会议录或会议论文摘要的期刊上。

(六)科技报告

科技报告是20世纪40年代以后大量出现的一种文献形式，又称研究报告、技术报告或报告文献，是记录国家、政府部门或科研生产单位关于某项科学研究的阶段进展报告或研究成果的总结报告。科技报告按形成渠道分为工作报告、会议报告、实验报告、调查报告、科技报告，按内容可分为专题报告和综合报告，按时间可分为年度报告、季度报告和月份报告，按活动进度可分为初步报告、进展报告、总结报告。有些报告因涉及尖端技术或国防问题等，所以又分绝密、秘密、内部限制发行和公开发行几个等级。

(七)学位论文

学位论文是高等学校或研究机构的学生为取得学位，在导师指导下完成的科学研究、科学试验成果的书面报告，它是学位制度的产物。由于各国教育制度规定授予学位的级别不同，学位论文也相应有学士学位论文、硕士学位论文、博士学位论文之分。学位论文探讨的问题一般较专深，但质量参差不齐，多数有一定的独创性，其中，博士学位论文具有较高的学术价值。学位论文除少数在答辩通过后以科技报告、期刊论文的形式发表出版外，多数不公开发行，属于非卖品。

(八) 产品技术资料

产品技术资料指向社会宣传和推销产品而印发的介绍产品情况的产品目录、产品样本、产品说明书、厂商介绍、产品一览、产品数据手册、厂刊、外贸刊物等。产品样本通常对定型产品的性能、构造、用途、用法和操作程序等做具体说明，大多数有外观照片和结构图，内容成熟，数据可靠。产品技术资料一般向厂商直接索取，在情报所可以查到一部分，有些以汇编形式正式出版的可以在图书馆查到。

(九) 科技档案

科技档案指科学研究和生产建设活动中形成的具有查考利用价值，并归档保存的具体事物的技术文件、图纸、图表、照片和原始记录等。按科技活动内容分为科研档案、工程建设档案、生产技术档案、设备管理维修档案等，按专业领域分为工业技术档案、农业技术档案、交通运输档案、城市建设档案等，详细内容包括任务书、协议书、技术指标、审批文件、研究计划、方案大纲、技术措施、调查材料、设计资料、试验和工艺记录等。这些材料是科研工作中用以积累经验、吸取教训的重要文献。技术档案一般为内部使用，不公开出版发行，有些有密级限制，因此在参考文献和检索工具中极少引用。

(十) 政府出版物

政府出版物是指由各国政府部门及其设立的专门机构负责编辑印制并通过各种渠道发送或出售的文字、图片，以及磁带、软件等文献的总称，它是政府用以发布政令和体现其思想、意志、行为的物质载体，同时也是政府的思想、意志、行为产生社会效应的主要传播媒介。政府出版物的内容广泛，涉及社会科学、自然科学等领域。就文献的性质而言，政府出版物可分为行政性文件(如：国会记录、政府法令、方针政策、规章制度以及调查统计资料等)和科学技术文献(如：研究报告、技术政策、科教文化统计资料、会议记录)两部分。

因为内容和性质的不同，上述 10 种文献类型在出版时间上是有先后顺序的：期刊因为品种多、容量大、速度快，是许多论文的首发渠道；学位论文、会议文献、科技报告和专利文献，由于需要满足一定的特殊要求，尽管报道速度也较快，但发表的数量非常有限；题录、目录和文摘，由于需要客观报道一次文献的主要内容，略后于期刊和专利文献、科技报告、会议文献；图书、综述和百科全书，因为需要在大量一次文献的基础上做评论或汇编成册，所需出版周期最长。

第三节　文献的特征

一、外表特征

文献的外表特征是指文献载体直接可见的特殊表征，如文献的题名、责任者、序号、引征文献题名以及文献的类型、文种、出版事项、篇幅、开本、字体、出处等。它是识别文献的重要依据。以下是图书、期刊、会议文献、科技报告、专利说明书、标准文献、学位论文、产品技术资料等常用文献的外表特征。

1. 图书。识别图书的主要依据有：书名、著者、出版项（出版地、出版社、出版时间）、版次、总页数、国际标准书号（简称 ISBN）等。其中以著者为最重要标志。图书在各种论文末的参考文献或题录性检索工具中常用的著录格式为：主要责任者. 书名[M/电子文献载体标志]. 其他责任者（例如翻译者）. 版本（第一版不著录）. 出版地：出版者，出版年. 引文起页－止页[引用日期]. 获取和访问路径。例如：

①保罗 A. 萨缪尔森，威廉 D. 诺德豪斯. 经济学[M]. 英文版第 18 版译. 北京：机械工业出版社，2005.

②Abrams WB，Beers MH，Berkow R. 默克老年病手册[M]. 陈灏珠，王赞舜，刘厚钰等译. 3 版. 北京：人民卫生出版社，2002.

2. 期刊。识别期刊的主要依据有：责任者，期刊名称，期刊出版的年、卷、期，国际标准刊号（简称 ISSN）、国内标准刊号（简称 CN），邮发代号，来源网址等。其中以责任者为最重要标志。普通期刊论文的著录形式为：主要责任者，题名[J/电子文献载体标志]. 刊名，出版年份，卷号（期号）：起页－止页。电子期刊论文的著录形式为：主要责任者，题名[J]. 刊名，出版年份，卷号（期号）：起页－止页[引用日期]. 获取和访问路径，例如：

①陈敏华，吴薇，杨薇，等. 超声造影对肝癌射频消融筛选适应证的应用价值[J]. 中华医学杂志，2005，85（49）：3491－3494.

②Kinra S，Lewendon G，Nelder R，et al. 化学气体污染突发事件中的人群疏散：横断

面调查[J]. 陈雷, 译. 英国医学杂志中文版, 2005, 8 (5): 285 - 288.

③中华医学会检验医学分会, 检验科严重急性呼吸综合征标本检测安全管理指南(暂行)[J]. 中华检验医学杂志, 2003, 26(5): 320 - 321.

④莫少强. 数字式中文全文文献格式的设计与研究[J/OL]. 情报学报, 1999, 18(4): 1 - 6 [2001 - 07 - 08]. http://periodical. wanfangdata. com. cn/periodical/qbxb/qbxb99//qbxb9904/990407. htm.

3. 会议文献。表示会议的专门用词，会议召开的地点、届次、时间，以及会议录的出版社、出版地、出版时间等。识别会议文献的主要依据有：会议名称、会址、会期、主办单位、会议录的出版单位等，其中以会议名称为最重要标志。会议文献常见的著录形式为：会议主办者. 会议(或会议录)名称[C]. 地点：出版者，出版日期。例如：

①中国科技期刊编辑学会医学分会, 中华医学会杂志社. 第一届全国医药卫生期刊管理和学术研讨会资料汇编, 北戴河, 2002[C]. 北京：中国科技期刊编辑学会医学分会, 2002.

②张佐光, 张晓宏, 仲伟虹等. 多相混杂纤维复合材料拉伸行为分析. 见：张为民编. 第九届全国复合材料学术会议论文集(下册)[C]. 北京：世界图书出版公司, 1996. 410 - 416.

4. 科技报告：表示报告的词、报告号。其中以报告号为最重要标志。PB 报告、AD 报告、NASA 报告和 DOE 报告等四大报告的报告号通常以下列形式编排：

PB 报告的编号为："PB + 年代 + 顺序号"；

AD 报告的编号为："AD + 顺序号"；

DE 报告的编号为："DE + 年代 + 顺序号"；

NASA 报告的编号为："N + 年代 + 顺序号"。

识别科技报告的主要依据有：报告名称、报告号、研究机构、完成时间等。常见的著录形式为：作者. 题名[R]. 报告题名及编号, 出版年。

5. 专利说明书。表示专利的词(Patent)；专利号。专利号按国际规定由两个字母表示的国家名称和其后的顺序号构成。其中以专利号为最重要标志。专利说明书常见的著录形式为：专利所有者. 专利题名[P]. 专利国别：专利号, 出版日期。例如：

① 刘加林. 多功能一次性压舌板[P]. 中国, 92214985. 2. 1993 - 04 - 14.

②西安电子科技大学, 光折变自适应光外差探测方法[P]. 中国, 01128777. 2 [P/OL].

2002 – 03 – 06［2002 – 05 – 28］. http：//211.152.9.47/sipoasp/zljs/hyjs – yx – new. asp？recid =01128777.2&leixin = 0. ④姜锡洲，一种温热外敷药制备方案［P］. 中国专利：881056073，1989 – 07 – 26.

6. 标准文献。表示标准的词有 standard，recommendation 等，标准号。标准号每个标准一个号，并按惯例由标准颁布机构代码，顺序号和颁布年份三部分构成，如："GB/T50095 – 98"。标准文献的常见著录形式为：主要责任者，标准编号，标准名称［S］。例如：

① 全国文献工作标准化技术委员会第七分委员会. GB/T 3179 – 1992 科学技术期刊编排格式［S］.

② 中华人民共和国机械工业部. JB 3303 – 83 中型水电机组自动化系统及元件基础技术条件［技术标准］。

7. 学位论文。表示学位论文的词有 Thesis，Dissertation 等，论文作者所在学校的校名。识别学位论文的主要依据有：学生名称、导师姓名、学位授予机构等。学位论文常见的著录形式为：论文作者，题名［D］. 学位授予单位所在城市：学位授予或论文出版单位，年份. 例如：

① 彭辉，优化理论在拱坝基础及封供蓄水过程中的应用研究［D］. 湖北宜昌：三峡大学，2004.

8. 电子文献。表示电子文献的词，如：作者，电子文献题名，电子文献及载体类型标名，电子文献的出处或可获得地址，发表或更新日期/引用日期等。电子文献常见的著录形式为：作者. 题名［文献类型标志/载体类型标志］. 电子文献的出处或可获得地址，出版或更新日期［引用日期］. 获取和访问路径。例如：

① 王明亮. 关于中国学术期刊标准化数据库系统工程的进展［EB/OL］. http：//www. cajcd. edu. cn/pub/wml. tex/980810 – 2. html，1998，08，16/1998，10，04.

二、内容特征

文献的内容特征是指文献内所含信息和知识的特殊表征，如：文献所属的学科门类、论述的主题对象、表述的基本观点和涉及的时间与空间范围等，它需要通过分析、归纳才能揭示出来，是判断文献价值的根本依据，具有非常重要的检索意义。文献的内容特征主要有各种形式的主题词和分类号。文献的标题因能够反映文献的主题，常被归入内容特征的范畴。由于文献的内容特征决定着文献的存储、利用与传递，在检索工具中一般通过分类号、主题词、分子式、内容提要或摘要等表现出来。

三、文献的特点

随着科学技术的高速发展和社会的进步，文献作为人类精神与物质相结合的产物，其内容越来越广泛，形式越来越复杂，文种越来越多样，数量越来越庞大，增长率越来越高，而且时效性强。

图书：主题突出、系统完整、成熟可靠，但出版周期较长，内容比较滞后。图书一般作为系统学习的工具。

期刊：内容新颖，报道速度快，信息含量大，具有多样性、兼容性和群集性，是传递科技信息、交流学术思想最基本的文献形式。据统计，期刊情报占整个情报源的60% ~ 70%，因此，是科技工作者参考的主要文献。许多检索工具也以期刊论文作为报道的主要对象。查阅期刊论文已成为教学和科研人员对某一问题深入了解的主要渠道。

专利文献：具有法律性、实用性、可靠性、新颖性、重复性、系统性和难读性，是教学和科研人员特别是工程技术人员的一种结合实际、启迪思维的重要情报源。

标准文献：作为一种规章性文献，标准文献具有一定的法律约束力，适用范围和用途明确，可靠性高，系统性和完整配套性强，新陈代谢频繁。一般的标准平均使用寿命为10年，新技术领域标准的有效时间只有3 ~ 5年。

会议文献：具有传递情报比较及时、内容新颖、专业性和针对性强、种类繁多、出版形式多样等特点。因为能及时反映科学技术中的新发现、新成果、新成就以及学科发展趋向，代表着某一领域内的最新成就，会议文献对教学和科研人员有很大的启发性，具有较高的参考价值，是科技文献的重要组成部分，也是获得最新情报的一个重要来源。

科技报告：科技报告在内容方面较期刊论文更专深、详尽、可靠，是一种难得的情报源，具有真实性、新颖性、动态性、传播途径独特、不公开发表的特点，通常由主管机构连续出版。

学位论文：具有相当的学术性和独创性。学位论文对科研工作与教学工作有较高的参考价值。

产品技术资料：产品样本通常对定型产品的性能、构造、用途、用法和操作规程等做具体说明，其内容成熟，数据可靠，图文并茂，形象直观，出版发行迅速，多为免费赠送。

科技档案：保密性强，主要供内部参考使用。在参考文献和检索工具中极少引用。

政府出版物：具有官方性质。

第四节　高校图书馆文献资源的类型与特点

"文献资源"的概念是从图书馆"藏书"演化而来的，它是人们对文献认识水平深化的结果。同国家资源、矿产资源和森林资源一样，文献资源也是人类社会的一种宝贵资源，它是一种社会智力资源，是物化了的知识财富。文献资源的积累，可构成一个国家的知识储备，成为一个国家科学研究能力的重要组成部分，它的贫富及其存取水平是衡量一个国家文明水准和经济、文化、科学技术等综合国力的重要标志。不断并有效地开发利用文献资源，可以为人类带来巨大的，有时是无法估量的社会效益和经济效益。

现代社会中，文献资源具有数量庞大、增长迅速、形式复杂、文种多样、内容广泛交叉、时效性强等特点。与文献相比较，文献资源可多次重复使用，可以进行复制和传递，可以通过选择、组织、布局等手段进行建设、改造和优化，其价值是潜在的，所产生的社会效益和经济效益也是间接的、潜移默化的，对文献资源的提示、开发和效益评价等需要使用特殊的手段和方法。只有通过不断积累、开发和利用，文献资源才能凸显其自身价值，因此，高校图书馆应在注重收集、组织的基础上，重视馆藏文献资源的开发利用以及开发利用的效益和环境等相关研究。

高校是知识和人才高度密集型单位，是文献的主要使用者、生产者和创造者。为了满足高校师生的文献需求，高校图书馆在馆藏文献资源建设中应从专业建设、学科建设、教学科研需求等方面着手，根据现代文献发展趋势和师生的文献利用方式收集、整理、开发文献资源。

一、高校图书馆的文献资源

目前，高校图书馆的文献资源主要包括以下三种类型：

(一) 印刷型文献资源

印刷型文献资源即纸质文献资源，包括图书、期刊、报纸、图片、画册等，它是以纸质材料为载体，以印刷为手段记录文字信息内容。由于印刷型文献的普及性，目前是高校图书馆收藏的主要文献形式，几乎占各高校图书馆文献购置经费的1/2到2/3的比例。

（二）缩微型文献资源

缩微型文献资源即以印刷型文献为母本，采用光学摄影技术，把文献的影像固化在感光材料上的一类文献，包括缩微胶卷、缩微平片、缩微卡片等。随着电子技术和网络技术的发展，缩微型文献资源因为阅读必须借助阅读机或利用缩微复印机，使用极不方便等原因而逐渐被数字型文献资源所取代。高校图书馆一般不再制作和购买缩微型文献资源，仅保存以前制作和购买的缩微型文献资源。

（三）数字型文献资源（简称数字资源）

数字资源是指一切以数字信息方式存在的文献资源，涵盖广泛，形式多样，包括互联网上免费的网络资源和那些由出版商或数据库商生产发行的、商业化的正式出版物，一般含电子型文献资源和网络型文献资源两种。

1. 电子型文献资源。电子型文献资源是指以声、光、电磁等手段将文献信息记录在磁带、磁盘、光盘等载体上并通过计算机加以利用的出版物，是看得见、摸得着的实物。高校图书馆购买的光盘版数据库、百家讲坛等声像资料均属于电子型文献资源。随着网络型文献资源的出现，各高校图书馆购买的电子型文献资源主要集中在声像资料上，光盘版数据库由于硬件设备要求高、阅读不便等原因在高校图书馆文献购置经费中所占的比重越来越小。

2. 网络型文献资源。相对于电子型文献资源的看得见、摸得着，网络型文献资源则是看不见、摸不着的，它需要运用现代技术，通过计算机网络收集、整理和传输可供利用的保存在图书馆馆外的资源，又称虚拟型文献资源。

网络型文献资源包括联机检索的数据库和 Internet 信息资源两部分。凡高校图书馆引进（包括购买、租用和受赠）或自建（包括扫描、转换和录入）的，拥有磁、光介质或网络使用权的数字形态的文献资源，均称为网络型文献资源。根据网络型文献资源的现状，目前高校图书馆的网络型文献资源可分为 7 种类型：电子图书（学术专著、学位论文、教科书、标准、技术报告等类型资源）；电子期刊（出版商电子期刊、学会电子期刊、寄存集成商电子期刊）；工具型资源（考试系统、参考文献管理系统等）；学习型数据库（以语言学习、素质教育为主的文字、多媒体类资源）；文摘索引数据库（综合性、专业性）；数值型数据库（经济、金融类统计数据库）；集成商全文数据库（报纸、杂志、期刊等混合型全文数据库）。

随着科学技术的发展和计算机的普及，网络型文献资源在高校图书馆的比重逐年增加，几乎占高校图书馆文献购置经费的 1/3 到 1/2 的比例。

二、高校图书馆主要文献资源的特点

(一) 印刷型文献资源的特点

1. 出版数量大、增长速度快。随着科学技术的发展、社会的进步，近年来印刷型文献不仅在质的方面得到了改善，而且在量的方面取得了惊人的发展。根据"中国新闻出版信息网"的年度统计公报数据，2006 年中国共出版新书约 13 万种、期刊 9 468 种、报纸 1 938 种。

2. 便于携带和保存，阅读方便。印刷型文献载体——纸张价格的低廉，出版数量大，其应用非常普及，而且携带很方便，易保存，在很多大型图书馆和博物馆，我们都能见到珍藏的几百年前的图书、手稿等印刷品。

3. 空间占用大，不便检索传递。随着信息量的不断增大，存储、检索及交流不断更新的需求，印刷型文献暴露出许多局限性，如：占用空间越来越大、记录的信息更新困难、不便检索传递等。

4. 具有时效性、针对性和可开发性。期刊、报纸作为印刷型文献资源的一部分，还具有很强的时效性、针对性和可开发性。

(二) 电子型文献资源的特点

1. 存储量大、体积小。不同于印刷型文献，电子型文献资源是以光、电、磁为载体，一张 300 毫米的光盘可以存储 100 万页 16 开由文字编码信息组成的资料，大大节省了存储空间。

2. 阅读不便，利用率低。电子型文献资源必须借助于计算机等硬件设备和相应的软件才能正常使用，而且随着光盘等电子型文献数量的增加，相应的硬件如光盘塔、磁盘阵列等也需要不断增加，对条件较差的高校图书馆是个制约。数量增加后，检索量增加，检索烦琐，不利于读者利用。

(三) 网络型文献资源的特点

1. 数量庞大，类型繁多。Internet 上的信息资源种类繁多，数量庞大。2006 年 12 月 13 日全球最大搜索引擎 Google 公司宣布，将与美国纽约公共图书馆以及哈佛大学、斯坦福大学、密歇根大学和英国牛津大学的图书馆合作，将这些著名图书馆的馆藏图书扫描制作成电子版放到网上供读者阅读，打造出一座全球最大的网上图书馆。

2. 依赖信息基础设施。网络信息资源必须依赖于电信、服务器、交换机、计算机等信息基础设施才能使用。我国高校图书馆主要通过中国高等教育科研网（CERNET）与国际互联网相连接。

3. 传播速度快，更新及时。网络信息资源由于是在线形式，更新迅速、及时。许多新闻、报纸、网络学术文献库都是每天更新，大大提高了资料的及时性和新颖性。

4. 检索方便，利用率高。为便于用户在浩瀚无边的信息资源中搜索到自己所需的资料，开发商开发了网上搜索引擎，如：著名的搜狗、百度等，许多网络学术文献库、网上图书馆、电子杂志等都开发有专门的高级检索平台，用户通过题名、作者、关键词、作者单位等即可找到自己的所需。

第二章 图书馆文献信息资源采访方式

文献采访工作是图书馆文献资源建设的基础性工作，文献采购的质量与水平直接影响到图书馆藏书建设水平的高低。文献采访工作的历史与文献采访方法的逐步形成密切相关，本章具体研究文献信息资源采访的几种方式，其中包括政府采购、自主采购、捐赠与交换等方式。

第一节 采访方式概述

一、采访的概念界定

文献信息资源采访，简称"文献采访"，是图书馆文献补充最常见的方式，也是最主要的方式。在图书馆学已有研究成果和图书馆工作实践中，与"文献采访"类似的概念还有"文献收集""文献补充""馆藏补充""图书选择""图书采访""图书采购""藏书建设""文献资源建设"等，这些概念产生于图书馆不同发展时期，虽然表述不同，内涵也不完全相同，但是在本质上在特定时期内大体相同。比如，图书选择、图书采访、图书采购在纸质文献占据主导地位且馆藏形式基本上以图书为主的时代，文献采访与之内涵基本相同；但在纸质文献和数字文献并重的时代，图书的采购或采访属于文献采访的一部分。在目前的研究和实践中，文献采访已成为约定俗成的概念。

文献采访，其概念界定尚未完全统一。文献收集，是指"图书馆及其他文献情报机构根据各自的目标和读者需求，选择文献并通过购买等多种方式获取文献，以积累和补充馆藏的工作"。

尽管概念界定表述上有所不同，各有侧重，很难说哪个界定更准确，但实际上却趋同于一致，即图书馆的文献采访是图书馆根据需求持续地选择文献，并通过一定方式获取文献补充到自己馆藏中。这里的需求主要来源于两个方面：一个是图书馆自身馆藏发展需求，一个是用户需求。对于中小学图书馆而言，需求还有可能来源于母体机构（学校）以及上级主管机构（教育主管部门）的要求。选择文献的方式主要有觅求和采集，而获取文献的方式则包括购买、捐赠、交换和自建等。

图书馆负责文献搜集、整理和补充的岗位一般叫作文献采访，其文献资源获取的方式主要有文献采购和文献访求两种：文献采购一般是指图书馆及其馆员通过购买的方式从出版机构或第三方文献提供商处获得馆藏建设需要的文献资源，文献访求一般是指图书馆及其馆员通过访求的方式从各类出版机构、收藏机构及私人收藏者获取馆藏建设需要的文献资源。文献访求更强调图书馆及其馆员有特定目的的主动行为，涉及的渠道更加多样，耗费的人力、物力和精力有时候还更多，虽然很多时候是通过捐赠的方式获得，但文献访求并不排斥购买，有些特藏文献的购买价格还非常昂贵。

二、采访工作的内容

（一）采访工作内容的复杂性

简单地说，文献采访工作的内容就是图书馆在文献采访过程中需要涉及哪些环节，需要开展哪些工作。但是由于文献采访工作比较复杂，系统、全面地概括图书馆文献采访工作并不容易。文献采访工作的复杂性主要体现在如下三个方面：

1. 图书馆采访文献的类型比较复杂

图书馆采访的文献从承载文献的物理介质来看，主要有纸质文献和数字文献两大类，二者具体的采访模式、实施主体、实施流程、实施内容、涉及的技术和法律问题有较大的不同。数字文献多涉及试用评估、"拥有"或"利用"、资源长期保存等诸多问题，而纸质文献一般并不涉及；数字文献多采用集团采购，其中涉及的诸多问题，纸质文献一般不会涉及。纸质文献分为图书、期刊、报纸等不同文献类型，图书是非定期连续出版物，其采购方式及涉及的环节、问题又与定期连续出版的期刊和报纸有很大的不同。另外，文献是否公开发行等因素也会影响图书馆文献采访的内容和形式。

2. 文献采访的模式和渠道比较复杂

文献采访具体模式有单独从出版社、新华书店购买，也有集团采购、网上采购、文献供应商采购、政府招标采购等，每种采购模式涉及的流程、要素及需要注意的问题也有很大的不同，而且绝大多数情况下，文献采访涉及多个模式并存，每种模式涉及多个渠道。比如，从出版社采购文献，就会涉及跟需求相关的多个甚至数十个、数百个出版社，于是催生了文献供应商采购的出现；但是文献供应商采购出现之后，由于其联采侧重点不同，则又会涉及多个文献供应商，而且高质量的文献采访也不能只依靠文献供应商，还会涉及部分出版社。上述只是涉及文献采访中"采"的环节，访求获取捐赠、图书馆之间进行交换以及图书馆自建资源也会涉及很多的环节和因素。

3. 各个图书馆的情况比较复杂

图书馆有大中小之分，即便都是中小学图书馆，其规模也各不相同。图书馆还有综合性与专业性之分，即便是中小学图书馆，由于其所从属的母体机构不同，图书馆的综合性和专业性特点也非常明显。图书馆的大小、专业性和综合性不同，文献采访工作的任务、范围、品种、数量也会不同。各个图书馆文献采访出发点的不同也会增加这种复杂性。有的图书馆文献采访立足于用户需求，文献订购主要源于用户推荐；有的图书馆文献采访主要立足于馆藏发展，文献订购工作更多是从图书馆自身出发，对用户需求考虑比较少。这些就会造成采访工作内容和流程上的不同。另外，各个图书馆馆藏特点、建设目标及相关制度、上级主管部门的要求和制度约束、本馆馆员与领导个人意志和工作能动性、本馆用户需求尤其是重点用户的文献需求、经费多寡等诸多因素决定的图书馆馆情，则加剧了文献采访工作的复杂性。

(二) 采访的基本工作内容

尽管图书馆文献采访工作比较复杂，涉及的工作内容也不是千篇一律，但从国内具体工作实践来看，图书馆文献采访的基本工作一般包括如下内容：

1. 制定馆藏发展政策。优质的图书馆馆藏需要长期的积累，因此图书馆应该针对馆藏建设和文献采访工作制订馆藏发展的短、中、长期发展规划，短期按照季度、年度规划，长期按照 3～5 年、10 年以及 20 年以上规划。图书馆应该根据本馆的实际制订符合自己情况的发展规划，既规范和指引图书馆文献采访工作，也利于培养特色和优质馆藏。

2. 制定文献采访的方针、收集标准等政策。采访方针和收集标准要围绕馆藏建设规划和本馆实际制定，用于指导和规范具体的实际工作。

3. 研究文献需求情况。通过问卷调查、用户荐购、面对面征集意见等各种途径调查和了解用户对文献的直接需求，通过馆藏分析或者引文分析等获得文献间接需求。

4. 研究文献情况。主要包括从出版社、新华书店、图书营销会、网上书城、文献供应商等处了解并收集文献源信息，根据需求进行初选。

5. 初选结果查重。依据初选的结果，在本馆馆藏目录、中外文发现系统或相关系统中进行系统查重，判断要购买的文献本馆是否已经有收藏。

6. 核定初选文献。由主要负责馆员、相关领导或者专家小组对初选的文献进行审核，尤其是大宗或价格昂贵等其他需要慎重对待的文献，核定是否需要购买以及购买其中部分或全部。

7. 确定具体采购的模式。根据初选文献的情况和馆内外相关制度确定采用哪种采购模式，是采用招标采购，还是现场采购、网上采购、文献供应商协助采购或参与相关集团采购。确定具体的采购模式后，还要确定最终的实现形式，比如，招标采购需要考虑是公开招标、邀请招标，还是竞争性谈判、单一来源采购、询价或询价方式。现场采购是利用出版社、新华书店，还是图书营销会等。

8. 启动具体采购流程进行采购。依据所选择的采购模式，启动采购流程，比如，根据要求召开相关的招标采购会议，确定中标合作者并发送订单需求。再比如，现场选购，要根据需求确定是某个出版社，还是新华书店、图书展销会等场所，然后派人前往，依据文献初选单进行采购，或者将文献初选单提供给文献供应商，由其协助进行文献采购。

9. 文献验收。不管是采用哪种模式或途径购买的文献，也不管是哪种类型的文献，这些购买的文献都需要经过一定的验收手续，进行必要登记后才能纳入馆藏。验收工作主要是完成对到馆文献与订单的核对与确认，完成所购文献最基本的内部外部质量的确认。验收过程中，各馆可能还有诸如盖馆藏章、加装磁条或 RFID 标签等工作内容。

10. 文献转交处理。文献采访岗位馆员将完成验收的文献转交给文献编目和信息组织相关岗位的馆员，图书和期刊直接转交给纸质文献编目的馆员，电子文献则转交给电子文献编目的馆员。个别比较小的中小学图书馆采访和编目为一个岗位，则只有工作流程上的转交，不做电子文献编目的馆员则可以省略这个环节和内容。

11. 财务事宜处理。文献采访的财务事宜处理主要包括按照规定时间进行财务预算、核算，每次文献采访完成之后应根据需要进行付款和记账，获取相关的发票，完成相应的财务报销工作。

12. 文献采访文档的归档。根据馆内的相关制度要求，将文献采访过程中的关键环节的文件、合同、票据或票据复印件、其他资料归入档案，便于将来查找。

13. 文献采访的后续跟踪事宜。在某次文献采访或某个阶段的文献采访完成之后，还有部分后续工作需要重点关注。比如，对于已经订购但书刊并没有到位的情况需要继续跟踪，查明原因并采取有关措施。对于已经采访到的文献，可以根据用户的相关意见，开展补选、复选和剔除等工作。

14. 进行评估。为了规范文献采访工作，提升文献采访工作效率和效益，文献采访结束后，还需要对到馆文献的内容进行必要的质量评估，同时需要评估的还有采访工作本身和文献提供商的服务质量。

三、采访工作的分类

鉴于文献采访工作内容的复杂性，在文献采访的相关研究文献中涉及非常多的概念，有可能对从业者产生一些困扰，因此，在对文献采访工作进行深入讨论之前，有必要依据相关标准对文献采访工作进行系统的梳理。

（一）购入方式和非购入方式

从文献采访是否需要支付获取费用角度来看，文献采访大体可以分为购入方式和非购入方式：购入方式大体可以分为文献订购、文献现货选购、文献网络采购、文献委托代购、文献邮购和文献复制；非购入方式大体可以分为文献捐赠、文献呈缴、文献交换、文献调拨和文献征集。

1. 购入方式

购入方式中，文献订购是最为重要和常见的实现形式。文献订购是图书馆根据馆藏发展需要或用户需求，通过事先约定购买的方式从出版机构或文献供应商处获取文献。请注意这里的"订购"不是"定购"，前者购买的文献是事先约定但最后不一定购买，而后者是事先确定要购买的内容，切忌在相关合同中混用。

文献订购还可以分为纲目订购、按类订购、全数订购、集中订购和长期订购等形式。

纲目订购是出版社或文献供应商根据图书馆事先提供的购书纲目，主动将有关新书或新书出版信息提供给图书馆挑选的方式。对于中小学图书馆而言，在国家教育部等相关部委要求下，中国图书馆学会中小学图书馆分会每年都会遴选适合中小学生阅读的可供新书和重点精品图书并编制成《中小学校用书目录》，可以作为纲目订购的重要依据。

全数订购是出版社或文献供应商根据图书馆事先设定的要求，将其出版或者可以获得相关书目信息或图书原书全部提供给图书馆挑选的方式。

集中订购，又称统括订购，是指图书馆从指定的出版社或文献供应商大批订购文献资源，图书馆不经过事先的选择程序，而是由出版社或文献供应商根据图书馆需要先将文献送到图书馆，然后由图书馆相关人员评选，合则留下，不合则退。

长期订购是指对于不是在统一时间内出齐，而是在陆续出版，如：各种年鉴、丛书等，出版社一般先将一部分交给图书馆，其他部分陆续出版后再提供给图书馆。

另外，现场选购也是购入方式中常见的实现形式，尤其对中小学图书馆而言。对于比较零散的用户需求，中小学图书馆通过书店、出版社、图书展销会等现场选购的方式购买，既能及时了解文献的详细内容，避免误购，也能现场获取文献，提高文献采购效率，满足用户的急需。

网络采购借助于非常快速的物流，也正成为越来越多图书馆以购入方式进行馆藏补藏的重要实现形式，少量需求迫切的文献可以通过网络采购的形式完成。

文献复制则是以复制的方法获得文献，主要是为了补充孤本、善本图书。复制的方法有抄录、照相复制、静电复印、扫描复制、手机拍照等，根据需要支付相关费用。

2. 非购入方式

非购入方式中，文献捐赠是最为重要和常见的实现形式。

文献捐赠是图书馆无偿获取第三方团体或个人自愿提供的文献，获赠的文献只有符合图书馆的需要才会被纳入馆藏。

文献呈缴与文献捐赠类似，也是从第三方团体或个人无偿获取文献，但是呈缴不同于捐赠的"自愿"，而是带有一定"强迫性质"的"义务捐赠"，基本是通过相关的法律、制度、政策进行约束。比如，根据我国的出版法规，国内各出版社有向中国国家图书馆和中国版本图书馆呈缴出版物的义务；根据相关法律，各高校有向中国国家图书馆呈缴本校博士论文的义务，学校也可以通过政策明确要求本校教师和学生作品呈缴校图书馆供本校其他用户使用。

文献交换是图书馆与其他文献保存机构之间为了弥补彼此之间的文献不足而进行的文献交换工作。高质量的文献交换不是图书馆之间多余复本图书或获捐却不能进入馆藏的图书的交换，而是根据彼此馆藏建设的具体需求进行交换，是对彼此馆藏情况深入了解后的交换。

这里还要特别强调文献调拨。文献调拨是指将大量的馆藏从其他文献保存机构调拨到本馆，以丰富补充馆藏。调拨一般发生在原保存机构撤销、原保存机构和本馆合并及法律政策合同约定其他情况下相关保存机构文献调拨到本馆。在中小学图书馆中，文献调拨还有另外一个含义，那就是中小学的各级教育管理部门通过集中采购的形式购入文献，然后调拨到各馆。

(二)馆员主导采购和用户主导采购

长期以来，国内图书馆的馆藏建设大多是馆员主导的采购方式。馆藏建设的依据大多立足于图书馆自身需求，图书馆根据自身的需求或上级要求制订馆藏规划、采购计划、采购标准，图书馆的采访馆员或相关馆员群体按照规划、计划和标准采购文献，基本上不征求用户意见。这种模式下，图书馆及其采访馆员或相关馆员群体发挥着核心作用，采购什么、如何采购基本上由图书馆及其相关馆员决定，用户需求只起到参考作用，挑选文献是文献采访岗位馆员的主要工作内容。

在国内图书馆具体工作实践中，虽然馆员主导采购占据主体，但在某类文献采购或某些途径的采购中也存在着不同程度的用户主导采购，图书馆的文献采购主要依据是用户需求，馆员根据用户需求考虑馆藏建设规划、计划和标准全部或部分满足用户的需求。例如，对于价格比较昂贵的文献，如外文图书，部分图书馆采用由学科用户选划的采购策略，拿到用户选划书单后，图书馆员经过审核，部分或全部发出订单购买或直接购买。类似的还有很多图书馆开通的"用户文献推荐"，不管采用的是纸质的文献推荐单，还是图书馆开通的文献推荐系统，用户可以将自己需要但图书馆没有的文献推荐给图书馆，馆员收到文献推荐信息后经过审核，部分或全部采购。这实际上是一种馆员和用户共同决策的混合主导采购模式，视图书馆对于用户需求满足程度确定是由馆员主导还是由用户主导。

国内外图书馆文献采购的实践中还有一类用户主导的文献采购模式，在这种采购模式下，图书馆立足于用户需求，所采购的文献基本上为用户个人或用户集体确定要购买的内容。馆员在其中发挥的作用就是对推荐需求的处理、查重、核对和补正。国内图书馆的文献采购模式，比如，内蒙古图书馆的"彩云服务"、杭州图书馆的"悦读计划"、绍兴图书馆的"你看书，我买单"、湖南大学图书馆的"书非借——读者荐购闪借服务"、山东大学图书馆的"捷阅通"、杭州电子科技大学图书馆的"芸悦读"等，相当多的中小学图书馆也会根据教师和学生的具体需求采购文献。

(三)集中采购和零星采购

集中采购多是针对大宗或者通用的文献。中小学图书馆文献的集中采购主要是由上级主管部门统一组织的采购，采购内容多是各学校带有一定共性的文献，比如，对于国家教育部每年牵头制定的《中小学校用书目录》，以及各级教育管理部门认为本行政区域内应该鼓励阅读和使用的文献，或者其他需要集中采购的文献。由于中小学教学遵循国家教育主管部门统一制定的教学大纲要求，除少量实验类学校，总体上各中小学的教学目标、教学内容基本相同，同一行政区域内的绝大多数中小学同一年级师生使用的教材和相关教学辅助资料都是相同的，这使国内中小图书馆用户需求在不同中小学之间具有相当强的同质性，为政府集中采购提供了强有力的实践依据。广义上讲，某个中小学图书馆如果采购大宗的文献，也可以采用集中采购的方式。集中采购按照现有国家财经制度，大多需要采用招标的形式完成。

零星采购一般是指各个中小学图书馆根据本校本馆及用户零星需求而开展的小规模的文献采购。零星采购的文献一般在上级主管部门集中采购目录之外，采购金额在国家财经政策限定的招标采购最低限额以下，对绝大多数中小学图书馆而言，一般应在 5 万元以下。文献采购的具体形式可以是委派馆员或者其他人现场采购，也可以通过邮购、网购等形式完成。为了节省文献采购成本，杜绝文献采购过程中出现不规范性操作，各级主管部门和学校也可以根据本地区和本校的实际情况对零星采购做进一步限定，比如，在特定限额必须提供三方报价比价单等。

四、图书馆文献采购的一般过程

严格来说，不管是哪种类型的图书馆，不管是采购哪种类型的文献，也不管是哪种采购规模的文献采购，图书馆文献采购都不是主观随意的，而应该按照一定流程进行操作，遵循采购准备阶段、采购实施阶段和采购后续跟踪阶段三个阶段，开展一系列的工作(见图 2－1)。

(一)采购准备阶段

采购准备阶段应该开展需求调研、采购内容相关情况的调查分析、采购方案设计三个方面的工作，具体工作内容可以根据实践需要进行适当的调整。

需求调研是文献采购最为基础性的工作，不管采用哪种采购模式、采购哪种类型的文献，需求调研都是必不可少的。这里所说的需求主要来自图书馆用户、图书馆馆藏、学校和上级主管部门，其中，用户的信息需求是最为关键、最主要的需求。上级主管部门需求多为宏观的需求，一定程度上代表的是更大范围内的用户需求，而且会通过集中采购配送的方式为中小学图书馆补充馆藏，图书馆作为采购主体一般不需要重点考虑这部分文献采购。图书馆依据本馆的馆藏特色和总体发展情况而进行的采购，归根到底也来自用户长期积累的需求。因此，图书馆需要对用户进行全面调查，可以通过问卷、访谈、意见征集等方式，充分了解用户的现实需求，并深入挖掘用户的潜在需求。进行需求调查时，要尽可能细致，可通过划分用户类型分别调查，首先区分教师和学生，对于学生还应该区分小学生、初中生和高中生，因为年龄上有差别，阅读习惯和需求也有较大的区别，特别是学校新增的阅读需求。需求调研越充分，越能反映用户真实的信息需求，从而越能保证文献的质量及提高用户满意度。

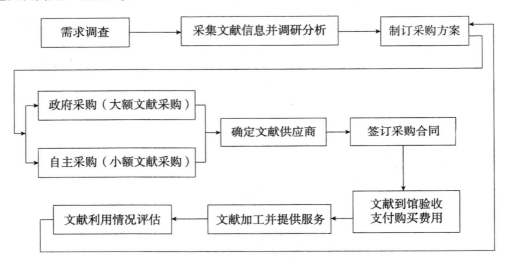

图 2 - 1   图书馆文献采购一般过程

　　了解信息需求并确定采购方案之后，要着手对采购内容进行调查分析。调查分析的内容主要针对三个方面：一是相关文献的基本信息，包括出版发行信息、供应商信息、价格、特色、优势和不足等；二是相关文献馆内基本情况，包括相关文献与馆内已购其他文献的交叉重复情况、相关文献的利用情况，也包括馆内文献空间具体情况，以及各类图书所占书架位置和容量等；三是相关文献业界其他图书馆收藏情况，包括与本馆类似的图书馆购买和收藏该文献的情况，文献利用效率、文献使用过程中的问题和不足等。调查获取渠道主要有供应商为宣传自己产品提供的各类宣传材料、图书馆与相关供应商主动联系获得的相关宣传资料、本馆文献目录、业界各类型联合目录、重点图书馆网站、与相关图书馆联系获得的相关信息、业界专业期刊等媒体对文献的比较与评价等。

　　采购方案是对文献采购的整体规划，可以为日后的采购工作提供具体的指导，因此，制订科学详细、符合实际情况的采购方案对于采购工作十分重要。任何一个图书馆，无论其规模多大、经费多充足，都不可能采购所有的文献，一般都是根据本馆需求制订采购方案，有重点地选购适合自己的文献。在采购方案制订的过程中，应根据需求调研所得出的调研报告，并结合本馆的实际情况，如：馆藏发展目标及馆藏结构体系等，从基本原则、采购模式、工作流程、保障措施、具体要求、经费预算等方面制订文献采购方案。

（二）采购实施阶段

　　经过需求调研、采购内容调研分析及采购方案制订之后，图书馆就可以进入文献的具体采购实施阶段。在这个阶段，图书馆的采购人员需要根据采购标的与学校财务部门沟通确定具体的采购方式，然后根据采购方式的具体要求开展相关工作。

　　需要政府采购的，提请学校及其上级主管部门启动相关政府采购程序，并根据批复结果，配合开展公开招标、邀请招标、竞争性谈判、单一来源和询价等工作。需要自主采购的，则需要图书馆自主与文献提供商进行沟通和谈判。在谈判过程中，谈判双方都力求实现自身利益的最大化。因此，图书馆为保障自身权益，应组建优秀的谈判团队，就合同内容进行谈判，确保谈判人员具有良好的语言表达能力、逻辑思维能力、应变能力，以及出色的谈判技巧、专业的文献知识和知识产权等法律知识。谈判内容则涉及价格、支付时间、支付方式、汇率、违约责任等。具体沟通和谈判根据采购标的额及实际程序效益需要进行调整。

　　签订合同或协议是图书馆购买大宗文献必经的一道程序。通过签订合同或购买协议规定买卖双方的权利和义务，达成一种法律协议，是合理传播和使用文献资源的保障。一般情况下，合同或协议文本由文献供应商提供，经双方讨论谈判后可进行适当调整，最后确定双方均满意的文本，方可进行签约。通常情况下，自主单独采购时合同或协议一式两份。特别少量的文献采购，比如标的额在 1000 元以下的文献采购，可以不签订合同，以订单或购买票据为采购依据，具体根据学校及上级主管部门相关要求并符合学校的财经制度要求。

　　合同或协议签订后，文献供应商按照合同或协议约定一次性或分批次为图书馆提供资源，图书馆对这些资源进行验收，验收合格后根据合同或协议约定按期付款，相关资源经过加工后就可以提供给用户使用。根据合同或协议约定，对于纸质文献，文献提供商可能需要提供资源的编目描述数据；对于电子文献，文献提供商需要提供技术维护支持，保障电子文献正常使用，并提供后续服务。此外，图书馆对于购买的各类型资源，需要保障其合理使用。

(三)采购后续跟踪阶段

合同签订完成后正式生效并不意味着采购流程的结束，还应包括后续跟踪阶段，如：资源宣传、培训、维护、评价等方面。

通过资源宣传，可以加深用户对资源的认知度，提高利用率。资源的宣传方式主要有通过图书馆主页刊登新增资源的推出公告、数字资源导引、使用指南及讲座通知等。例如，在用户密集的公共场所张贴海报和发放宣传单，针对不同类型的用户开展不同的宣传推广活动。借助于微信、微博、电子邮件等信息公告平台有效进行宣传推广，还可以与用户进行互动交流，并获取反馈信息。对于使用复杂的文献，图书馆还应该提供资源使用的培训，培训方式可选择讲座、培训班、在线培训、检索竞赛等。

资源维护，尤其是电子文献的维护，是文献供应商售后服务的重要方面。维护的内容主要包括数据库的及时响应问题、访问恢复问题、数据字段问题的修改和更正、数据的更新等方面。维护人员不仅需要具备一定的技术基础，还应对数据库的内容有所了解。对于纸质文献的维护，则主要由图书馆工作人员完成，包括破损图书的修补、报刊的合订等工作，以便于用户将来更好地利用。

资源评价，也是资源购买后续跟踪工作的重要内容。资源购买的目的是使用，而不是购买后束之高阁，用户利用情况是判定后续是否继续购买该(类)资源、评价文献供应商服务水平和服务能力等方面工作的重要衡量指标，这对于数字文献采购尤为重要。目前，图书馆购买的数字资源大多采购的是使用权，且采购的费用一般很高，将来还需要进行续订、停订、改订等决策操作，当前数字资源利用情况是下一次采购的重要依据，因此，图书馆应特别重视资源的利用效果跟踪，资源评价在采购流程中至关重要。但由于其所处阶段的特殊性长久以来容易被图书馆忽略，诸多图书馆常常认为数据库订购完成就一劳永逸。正因如此，我们才应对后续跟踪阶段给予更多重视。

第二节　政府采购

一、政府采购产生的背景和要求

政府采购是指各级国家机关、事业单位和团体组织，使用财政性资金采购依法制定的集中采购目录以内的或者采购限额标准以上的货物、工程和服务的行为。作为政府全额拨款的公益性机构，在国内以公立为主的中小学，其图书馆在文献建设过程中，尤其是大宗采购中，按照相关财经制度的要求，理应采用政府采购要求的规范采购方式。

建立政府采购制度，是我国财政支出领域的一项重大改革，也是从源头上防止腐败的重要举措。经过二十多年的发展，政府采购制度在我国实现了从推进试点到全面法制化管理的递进跨越。为了规范政府采购行为，提高政府采购资金的使用效益，维护国家利益和社会公共利益，保护政府采购当事人的合法权益，促进廉政建设。政府采购实行集中采购和分散采购相结合，采用公开招标、邀请招标、竞争性谈判、单一来源采购、询价五种方式及国务院政府采购监督管理部门认定的其他采购方式，并对每一种采购方式的适用范围、具体采购程序进行了详细说明。其中，公开招标应作为政府采购的主要采购方式。

图书馆文献的政府采购，根据具体采购文献内容不同，会涉及多种采购方式，比如：对于文献供应商的选择可以采用公开招标或者邀请招标的方式；对于国外资源的采购则可以采用竞争性谈判的方式；对于数字资源，由于来源方式大多是单一的，则多采用单一来源采购。但是，包括公开招标和邀请招标在内的招标采购应是图书馆文献政府采购的主要采购方式。招标采购在公共图书馆和大学图书馆应用非常普遍，在中小学图书馆资源集中采购的阶段也已广泛应用，但这并不意味着图书馆所有文献的采购都需要采用招标采购的方式，对于公开招标的资源，招标的标的额需要达到一定数额标准。

二、政府采购的过程

根据具体采购过程，图书馆文献的政府采购大体可以分为如下三个阶段：

1. 采购准备阶段

图书馆根据用户需求、学校和上级要求、本馆的馆藏发展中长期规划及年度文献采购任务，确定需要进行采购的文献，编制需要招标采购的文献采购计划，报送学校管理部门审批，如果需要学校的上级管理部门审批的由学校报送审批，图书馆根据学校及上级主管部门的要求开展相关准备工作。

2. 采购实施阶段

图书馆根据学校及上级主管部门的要求确定采购方式：(1)若采用公开招标和邀请招标，则根据不同的文献类型或者文献采购内容进行分包，交采购代理机构编制标书或资格预审公告，同时发出招标公告或投标邀请书，邀请监督代表并组成评委会之后开标，由评委会进行评标，推荐产生中标候选人，对中标候选人进行资格后审及公示结果；(2)若采用竞争性谈判，则首先需要确定谈判供应商并发出采购邀请，继而制定并发布谈判文件，同时邀请监督员代表并组成谈判小组进行谈判评审，推荐产生成交候选人，并对成交候选人进行资格后审及公示结果；(3)若采用询价采购，则成立询价小组，制定询价文件，确定被询价的文献供应商名单，由询价小组评审报价文件，产生成交候选人，并对成交候选人进行资格后审及公示结果；(4)若采用单一来源方式，则向供应商发出采购邀请后由供应商报价，图书馆审核报价，从而产生供应商候选人，然后邀请馆藏建设专家或学科领域专家对单一来源供应商候选人进行评价，图书馆根据专家评价结果，连同专家评价意见等相关材料向学校及上级主管部门提出单一来源申请，再由学校及上级主管部门审批图书馆的申请。在这个过程中，采购人、采购代理机构应当组织具有相关经验的专业人员与供应商商定合理的成交价格并保证采购项目质量，同时编写协商情况记录，包括有关公示情况说明，协商日期和地点，采购人员名单，供应商提供的采购标的成本、项目合同价格以及相关专利、专有技术等情况说明，合同主要条款及价格商定情况等。

其中，特别需要注意的是后三种采购方式，由于图书馆文献采购的特殊性，相当多的文献供应商提供的资源具有排他性，虽然采购竞争性较低，但在图书馆文献采购诸多方式中仍然普遍存在。为了进一步规范政府采购行为，加强对采用竞争性谈判、单一来源采购、询价采购方式进行采购活动的监督管理。

如果招标工作完成后，采购代理机构或相关工作小组会请图书馆确认审评结果，图书馆可以确认或拒绝相关结果。如果图书馆确认了评审结果，采购代理机构或相关工作小组会向中标单位发出中标成交通知书，单一来源采购一般由图书馆通知供应商评审结果。图书馆与中标机构或成交人签订合同，并根据需要将合同在学校及上级主管部门备案。

3. 采购完成阶段

图书馆和文献供应商双方履行合同，文献供应商根据合同约定一次性或分批次向图书馆提供文献，并提供根据合同约定应提供的支持服务，图书馆组织验收，填写项目验收报告并付款。付款可以是直接支付，也可以是授权支付。直接支付是指机构将合同、验收报告及发票等资料上交上级主管财政部门办理拨付，授权支付是指机构(有财权)自行办理付款手续。至此，图书馆文献的政府采购工作全部完成。资源宣传、维护、利用、评估等采购后期的相关工作则由图书馆和相关文献供应商一起来完成。

三、政府采购的优劣势分析

政府采购已经成为各类型图书馆文献采购非常重要的实现方式，而且伴随着国内政府管理的规范化程度加强的趋势，政府采购在图书馆文献采购中所占的比重会逐渐提高，应用场景也会更加广泛。图书馆资源政府采购所要实现的主要目标是在确保采购的经济性和有效性的总目标下，通过鼓励竞争，获得文献采购的合理价格。

由于政府采购主要采用的是竞争性招标，图书馆文献政府采购的优势主要体现在以下三个方面：

1. 增加文献采购过程的透明度

图书馆实施了文献政府采购后，文献采购过程严格按政府采购的有关规定操作，遵循"公开、公平、公正"的原则，招标要求、程序和结果公开、透明，并接受社会各界的监督，杜绝了采用自行采购方式有可能出现的不正当交易行为，对促进廉政建设也有一定帮助。

2. 提高文献建设经费的使用效益

图书馆实施了文献政府采购后，投标人为了中标，在经过成本核算后会做出一定的退让，使有限的文献建设经费能够买到更多的资源，节省了财政经费，提高了经费的使用效益。

3. 获得其他一些增值服务

在政府采购中，图书馆可以向文献供应商提出合理的售后服务要求，如：由供应商附送标准的书目数据以及数字辅助加工服务，使得文献加工工作社会化。这在一定程度上减轻了图书馆在文献加工方面的工作负担，节省了投入，使图书馆能把更多的资源投入核心业务中。

与其他行业在设备、产品、服务的采购相比，图书馆文献采购又有很多特点。比如，文献采购实际上是对文献内容的采购，同样标的的采购，其他行业可能就是一台设备，图书馆采购的可能是几万册纸质书刊和几十万册电子书刊，这些书刊有可能被某一个文献供应商垄断，没有实质性的竞争者，达不到通过竞争降低价格的目的。如此众多的文献，政府采购只能限定比较宏观的层面，比如，可以限定要订购图书的数量、学科、折扣、出版社等因素，但很难限定图书的内容和质量，这种情况既有可能在保证"交易公正"和"减少腐败"的目标下，对于"获得合理采购价格"这一核心目标的"合理价格"关注不足，也有可能造成部分文献供应商过分偏重于价格，把低价作为目标，而导致所购资源的质量和服务无法保证。

另外，政府采购在图书馆文献采购中的实施时间比较短，缺乏有效的实施模式，实施过程中可能出现其他行业未出现过的问题。

此外，图书馆文献采购还存在采购时间滞后、手续烦琐、缺乏采购自主权等众多问题，这些都需要在具体实施过程中特别注意并力求解决。

第三节　自主采购

一、自主采购的主要形式

图书馆文献的自主采购主要是指文献政府采购方式之外的完全由图书馆主导的文献采购。前文已经提及，政府采购对于采购标的额有明确要求，只有达到相关制度采购标的要求或内容要求的文献采购才会进行公开招标、竞争性谈判等政府采购的形式。不同于高校图书馆和大型公共图书馆，中小学图书馆的规模一般较小，而且城乡差距和中西部地区差异也比较大，小学、初中和高中不同阶段要求差异也比较大。在很多省份，图书馆每年的建设经费 2 万~3 万元就可以达标，相当多乡村的中小学图书馆每年经费不足 1 万元，而政府采购的标的额一般至少要在 5 万元(比如：重庆市规定中小学图书馆自主采购的标的额应该在 5 万元以下)，相当多情况下，需要采购标的额在 10 万元以上。如此看来，文献政府采购方式只在大型的中小学图书馆有较为普遍的适用空间，相当比例的中小学图书馆因为采购经费较少，采购非常零散，没有必要采用政府采购方式。自主采购是大多数中小学图书馆文献采购，尤其是纸质文献采购的常态。

从现有的中小学图书馆实践来看，图书馆自主采购形式主要有文献订购、现场采购、网上采购等，具体采用哪种形式，与该馆文献建设经费多少和持续程度、文献需求迫切程度、文献采购制度规范程度、文献管理的自动化程度等因素密切相关。

一般而言，采用了文献集成管理系统的图书馆，由于系统有规范的文献订购流程，也多有较为规范的文献采购制度，在经费支持比较稳定持久的情况下，文献需求不是很急迫，采用文献订购形式较多。严格来说，文献订购的形式并不是图书馆自主采购独有的采购形式，根据采购标的额，符合政府采购招标的，可以通过政府采购确定文献供应商，与供应商之间后续的文献采购也会采用文献订购的形式进行，政府采购公开招标确定的是文献供应商文献购买折扣及其提供的后续服务。文献订购从下订单到文献到馆耗费时间周期比较长，如果某些文献需求迫切或者因经费急迫短期内全部用于购买文献时，就不太适合采用文献订购的形式，可以采用现场采购的形式进行采购。但是，由于文献代理商邀请的出版社等机构有限，现场采购可供选择的文献数量有限。在当前日益快速物流的支持下，网上采购也成了中小学图书馆非常重要的采购渠道。网上采购比文献订购获得的信息丰富，与只依靠文献目录进行的文献选订购相比，可以更多地避免误选，提高采购效率，快速物流也可以大大加快文献的到馆时间。

一些中小学图书馆也允许用户，特别是教师用户根据教学需要代购一些文献，图书馆通过报销的形式支付购买费用，文献直接纳入馆藏或短期使用后纳入馆藏。有些类似于前文提及的公共图书馆的"彩云服务""你看书，我买单"，以及高校图书馆"书非借——读者荐购闪借服务"和"捷阅通"等服务，不过这种采购形式在中小学图书馆占比较小，采购的规模也不大，故下文不做详细介绍。

图书采访工作根据任务的轻重缓急程度可以分为常规工作和特殊情况两种类型。网上采购由于可以随时随地对网上书目信息进行采访、收集、选择，因此可以作为图书馆日常的采访任务，利用计算机高效的数据处理功能，网上采购还能对图书的分类、出版社、出版时间等进行量化处理，提高工作效率。网上采购可以每天有计划性地进行，可以随时根据采访数据库的统计，调整采访进度，根据各时段预订的种类、复本、经费等调整各个学科的采访比例，进行有计划、有系统的采购。当图书馆出现应对评估、创建新馆须在短时间内采集大量图书或第一次与书商合作须实地考察书商实力等特殊情况时，可以采取现场采购的方式进行选书。在参加书市、书展或到书商书库进行现采的过程中，采访人员能及时了解图书市场的形势，切身感受文化潮流的冲击，准确把握图书出版的动态，实地考察书商的综合实力，而且还扩大了图书馆与出版社、书商、书店以及用户的交流与合作。从已有实践来看，现场采购和网上采购是多数图书馆常用的采购方式。

二、文献订购

文献订购，也叫文献征订，是图书馆根据出版、发行部门提供的目录（如：《新华书目报》《科技新书目》《全国地方版科技新书目》《标准新书目》等）或各出版社、文献供应商等编制的书目信息，结合本馆的实际需求、馆藏现状及经费情况来选择所需文献，并按格式要求形成订单提供给出版社或文献供应商，由其按照订单组织所需文献提供给图书馆，图书馆根据到馆文献验收结果支付费用的文献采购模式。该采购模式以纸质文献为主要采购对象。

文献订购过程主要有五个阶段：

1. 文献供应商确定阶段

这个阶段有可能是通过政府采购的形式确定的文献供应商，也有可能经过三方比对后学校或图书馆确定的文献供应商。但不管是哪种形式确定的文献供应商，这个阶段已经完成了相关合同的签订，约定了双方的权利和义务，特别是文献供应商需要提供可选目录，目录应涵盖出版发行部门情况、目录周期、订单生成和管理相关约定、购书款支付周期等，这些内容如果未在合同中进行约定，应该通过补充协议等形式进行书面约定。

2. 图书馆生成文献订单阶段

在这个阶段，文献供应商按照约定定期向图书馆提供可供挑选文献目录，文献目录可以是纸质的，也可以是电子版的，有集成管理系统的图书馆可以索要将文献目录数据导入系统的 MARC 电子版目录。相关馆员依据文献提供商提供的文献目录挑选本馆需要的文献，并将挑选出来的文献与本馆的馆藏进行查重，排除本馆已有的文献，生成文献征订订单。

3. 文献供应商准备并提供文献阶段

在这个阶段，文献提供商根据图书馆的订单准备文献。如果是文献集成供应商，会从各个出版发行单位调取相关文献，然后分批次打包提供给图书馆。

4. 图书馆文献验收阶段

图书馆依据文献清单和原订单对文献提供商提供的文献进行验收，退回内容、印刷、装帧等有问题或者不符合要求的文献，保留的文献进入馆内文献组织和流通利用环节。对于验收合格留用的文献，图书馆根据约定向文献提供商支付费用。同时，定期将已发订单和到馆验收文献清单进行对比，对于已订购但长期未到馆的文献，与文献提供商商讨分析原因并进行相关处理。

5. 文献利用评估阶段

图书馆应定期通过文献利用率分析、用户访谈等途径对一段时期内采购的文献进行评估，同时，对文献提供商提供的服务进行评估，以评促建，提升文献采购工作的质量。

文献订购模式对于中小学图书馆而言，因为订购的时间相对比较充裕，可选文献目录范围比较广泛，又可以方便地进行文献查重工作，对于构建系统、全面的馆藏体系大有裨益。但是文献订购模式涉及图书馆、文献提供商、第三方文献发行机构等诸多主体和环节，所订购文献到馆可供用户使用的时间周期比较长。

同时，因为馆员在挑选文献的时候，只是依据文献名称、作者、出版发行机构、发行时间和内容简介等最基本的信息，错订文献量较多。另外，由于依据的各类文献目录订购，目录上的文献因诸多原因，并不一定都能采购到，因此会造成不少时间精力的浪费。

三、现场采购

所谓文献现场采购，是指图书馆采访人员直接到各大书店、图书批销中心或图书展销会上进行选购，或者是文献供应商根据图书馆的要求直接送文献上门，由采购人员或用户在本校直接选购的一种文献采购模式。现场采购的主要对象是纸质文献。

文献的现场采购涵盖以下三个步骤：

1. 采购前准备

图书馆根据本馆馆藏建设需要收集文献展销会信息、可以进行现场采购场所的信息，或者可以送文献上门供现场采购的文献提供商的信息，并经过沟通后初步确定现场采购的方案，涉及要采购的内容，预计支付款项、支付方式等，报学校相关校领导及校长办公会讨论或由学校相关部门审批。

2. 现场采购

获得现场采购审批后，图书馆馆员（部分学校还会直接选派学科教师随同）前往采购现场直接挑选，挑选的书刊等文献由图书馆或文献供应商制作成选购清单，与图书馆馆藏目录进行查重匹配，去除重复的文献后，直接作为文献供货清单。这里的查重匹配也可以在挑选过程中利用相关采集设备直接完成，挑选出来的文献直接生成文献供货清单，文献供货清单一式两份，馆员带回一份以备将来验收。

3. 文献到馆验收、组织、利用和评估

文献供应商按照约定将挑选的文献打包承运到图书馆，图书馆依据文献供货清单进行验收，并根据约定支付购买费用。验收完成后，书刊文献直接进入编目、流通等文献组织和利用环节。图书馆应该定期根据采购文献的利用情况及用户调查对采购文献进行评估，以及时发现问题，不断提升文献采购的质量。

现场采购可以直接接触书刊文献，了解其装帧、内容、质量，挑选自己满意的书刊，减少漏页、缺页等问题，避免退货、换货带来的不便，保证采购图书的质量和采购效率，错购现象可以有效避免；采购的文献到馆时间快，一般不会超过一个月；现场采购的书刊品种多、出版发行时间新，出版社较集中，不论是参加书市、书展，还是在书城、书店购书，现场的图书品种丰富，且都是现货，只要确定购买，基本上都能直接采购到，文献到馆率接近100%；在这个过程中如果邀请了教师和学生参与选购，也可以大大提高文献的满意度和利用率。现场采购的问题是，较大规模的书展、书市每年举办的次数有限，书展、书市能够邀请到的出版发行机构有限，每个出版发行机构出于各方面因素的考虑选送的图书文献也有限，一定程度上限制了采选范围。选送到图书馆现场采购的图书，要想达到良好的采选效果，文献供应商不但需要对图书馆普遍需求非常了解，也需要对特定图书馆的个体需求非常了解。

四、网上采购

文献网上采购主要是指图书馆采访人员根据馆藏建设需要，在互联网文献供应商平台检索、查阅、整理有关信息，订购所需文献并支付费用的文献采购模式。这里的互联网文献供应商主要有三大类：第一类是诸如机械工业出版社、清华大学出版社等出版发行机构建立的网上订购交易平台，第二类是诸如京东、当当之类的电子商务信息交流和交易平台，第三类则是诸如人天书店之类的文献集成服务商网上交易平台。

图书馆文献网上采购有以下四个步骤：

1. 选择交易平台

选择与图书馆所需订购图书期刊相对应的网上文献交易平台。

2. 查询网上有关书目和文献采访的资料

查询这些资料可通过以下渠道：一是网上新书目，了解最近出版或即将出版的新书，以便于选择、订购；二是网上书目数据库、存货书目，以便查证书价或补漏、补缺、补齐；三是网上图书评论、图书介绍，以便于订购时研究参考；四是网上论坛，了解网上图书发行的情况与趋势；五是网上有关出版社、图书公司、书店的介绍，掌握图书出版和发行单位的历史、现状、信誉度，供订购图书时参考。

3. 通过网上文献交易平台，进行书刊选购

选择图书时，应坚持原则，掌握标准，重视图书期刊资料自身的知识性、学术性、科学性、政治性、适用性，以及图书馆的需要与馆藏连续性。初选之后，应征求专家、用户意见，并送主管领导审核。图书选择时，还应注意以下技术问题：一是要查重；二是在有纸质文献的情况下，是否购买文献电子版要慎重处理，并制定规则；三是一种文献同时出版有纸质印刷版、封装电子版，要根据需要、价格、读者阅读习惯选择一种或两种版本，或选择最新出版的文献；四是工具书、检索文献、过刊，应尽量选择数字化的电子版文献。图书选定后，产生订购单，并发送互联网文献交易平台。对已订购图书，要定期检查，如果在预定期限内未收到网上书店的图书，就要及时催促；如果超出约定期限，经催促不送书者，可取消从该网上书店订购。

4. 文献验收及后续评估

订购图书到馆后，要根据网上订购单进行验收，如有差错或质量问题，应及时退换货。验收通过的图书交后期编目进行组织和利用，按照约定支付相关费用。图书馆应该定期根据采购文献的利用情况及用户调查对所采购文献进行评估，以便及时发现问题，不断提升文献采购的质量。

文献网上采购的优点：（1）检索快捷方便，图书信息反映较全面；（2）不受时间、场地限制，可随时采购；（3）可直接订购，减少中间环节，价格优势明显；（4）可以随时查重和补购，方便采购控制；（5）每次采购数量可控，分编上架快，能及时满足用户不同的阅读需求。文献网上采购虽然比传统文献订购模式能够获得更详细的信息，有助于更好地进行文献选择决策，但是毕竟看不到实物，文献误购、错购的情况时有发生。

第四节　捐赠与交换

一、捐赠与交换对馆藏建设的意义

在图书馆的文献采访工作中，前文讨论的以政府采购、自主采购为代表的文献采购是主体方式，也是最基本的日常工作，但只有文献采购还不够。一方面，限于图书馆文献购置费以及购买渠道，图书馆不可能把公开出售的所需文献都采购进馆；另一方面，对某些内部出版物、某些不公开销售的文献资料、某些私人收藏、某些单位或图书馆收藏的复本即使有采购意愿，也不一定能买得到。图书馆服务对象的需求是多种多样的，只通过单一的采购渠道也难以满足用户多样的需求，这就产生了诸如捐赠、交换这样非购入的馆藏建设方式。事实上，一些机构或个人愿意将其收藏的文献无偿捐赠给图书馆，图书馆之间也经常以物换物，互通有无，弥补自己的不足。这也为图书馆采用捐赠与交换文献采访方式提供了现实基础。

总体来说，文献捐赠和交换对图书馆馆藏建设有着非常重要的积极意义。

1. 捐赠和交换可以用比较经济的方式丰富馆藏的数量与品种

图书馆获赠文献多具有一定体系，很多文献资料市场上已经绝版，不易购得，通过交换渠道获得的文献多为有价值的内部资料，可以丰富馆藏的数量与品种；而且捐赠方式获得文献基本上不需要支付费用，交换渠道一般也只需要支付相关邮寄费用，与文献采购相比，非常经济。图书馆通过捐赠和交换取得的图书资料，如果正是图书馆必须采购的图书，就可为图书馆节省购书所需的经费。

2. 捐赠和交换可以提高图书馆馆藏的质量

有些个人或团体捐赠的书刊，是经过长期积累形成的，在某些方面具有比较精、专、系统的特点，如果某个图书馆能获得这些捐赠，就自然形成了馆藏的某些特色。有些出版社捐赠的书刊是几十年不间断的，经过长期积累也会形成某些特色。通过交换获得的书刊，大多是图书馆短缺的，如：品种不齐或收藏不系统的。这样就补充了图书馆馆藏的某些不足，使其更加系统、完整并有特色。

3. 捐赠和交换可以更好地满足用户需求

图书馆通过交换获得的书刊，可能是用户真正需要的书刊，特别是教学、科研用户和学生用户，他们需要一些对口的书刊，而这些书刊在市场上很难购到，可以通过交换，以物易物，互通有无。

4. 捐赠和交换可以扩大图书馆影响，增进友谊

捐赠文献是一些社会名人和知名机构服务社会和扩大自身影响的重要渠道，图书馆获赠重要机构或人物的赠书，经过广泛宣传，不但能够增加获赠的概率和获赠文献的质量，也可在一定程度上提高图书馆乃至学校的社会影响力。通过捐赠和交换，图书馆与社会机构和个人增强了联系，增进了友谊。

二、文献捐赠

(一) 文献捐赠的概念

图书馆文献捐赠，是指图书馆无偿从某些个人和社会团体处，将他们出版、收集、积累或不公开发行的文献资料以赠送形式获得的文献采访方式。文献捐赠是图书馆免费获得文献资料的一种方式。

目前，图书馆获赠文献主要有四种来源：1. 社会名流或者文献作者在其晚年或逝世之后，其珍藏的文献或编著的文献由本人或家属捐赠给有关图书馆；2. 本校教职工或校友将编著出版的书刊或者收藏的文献(含个人的教案、科研成果等文献和其购买收集的文献)捐赠给本单位或母校的图书馆；3. 某些文献出版和发行部门为了扩大自己的出版物和销售文献的影响，主动将自己出版的文献捐赠给有关的图书馆；4. 友好国家的政府、友好人士、社会团体等为了进行文化交流和增进友谊，主动向我国相关的图书馆捐赠该国出版物或自己珍藏的文献。

获赠文献具有以下一些特点：

1. 高质量

获赠文献经过捐赠者有目的地购买和组织，文献围绕某一个或某几个主题，一般属于该领域的核心文献，有很强的系统性、参考性和针对性，具有较高的学术价值、保存价值和使用价值。

2. 多样性

特定捐赠者对于特定主题文献的收集，可能并不仅限于书刊，也可能包含书画、音视

频或其他相关实物，文献类型非常多样。从获赠文献总体来看，由于这些文献来自国内外诸多的团体和个人，他们从事的工作和研究学科专业差异性大，这些人收藏的文献具有多样性，这也为获赠文献后期的组织增加了不少困难。

3. 随意性

不同于采购获得的文献，获赠文献是捐赠者按照自己的意愿决定的，可能是出于受赠图书馆声名、捐赠者与受赠图书馆之间的地缘关系或者学生与母校之间的关系等方面的考虑，但对受赠图书馆的馆藏情况及特点并不一定熟悉。除了图书馆根据自己需求索赠获得的文献，捐赠的文献具有较强的随意性，而且获赠文献受限于捐赠者本人的学识、素养以及收集时间的长短等因素，如果捐赠者收藏中断，捐赠也有可能会中断。

（二）文献捐赠采访方式的实现

图书馆借助于文献捐赠的方式进行馆藏建设，一般应该遵循以下三个原则：1. 图书馆必须保留受赠文献的处理权，对于本馆无用的文献可以通过转赠等方式进行处理；2. 图书馆必须配合采访政策索求受赠文献，图书馆对于受赠文献并非必须一概全收；3. 图书馆必须对文献捐赠者保持良好的礼节，采取必要形式致谢捐赠者，这有利于此项工作长久开展。从文献获取的主观能动性角度，文献捐赠可以分为被动获取的受赠和主动获取的索赠两大类，其中，受赠是大部分图书馆文献捐赠方式的主体。

不管社会机构或个人基于某种原因将自己收藏的文献捐赠给图书馆以实现为社会公众利用的目的，还是相关出版者主动将自己的出版物捐赠给图书馆以增加流通扩大影响，被动接受捐赠对于图书馆来说，捐赠前的工作量一般并不是很大。图书馆对外公布捐赠岗位联系人及电话后等捐赠者上门就可以了。

图书馆获得文献捐赠后要做以下工作：1. 收到捐赠文献后，应及时发信和回函。大多数图书馆印有固定格式的明信片和感谢函。有条件的还可以向捐赠者赠送纪念册和纪念品，以表示感谢。2. 对获赠文献进行系统整理，视捐赠情况进行恰当处理。对于系统性强且具有展示意义的文献（比如名人捐赠或捐赠重要文献），可以全部保留并设置专门阅览室、阅览区域、书架或专柜，集中存放；其他受赠文献，则根据本馆馆藏需求和特色进行必要的挑选，保留符合本馆特色、需求和馆藏发展方向的文献，经过与本馆馆藏查重匹配后纳入图书馆馆藏体系。3. 将捐赠文献单位的赠书情况和地址按类编排，建立赠书记录档案，并注意不断收集补充，定期与捐赠者保持稳定紧密的联系，不断巩固和扩大交流联系网络，以便将来获取更多、更有价值的文献。同时，也要向捐赠者介绍本馆藏书情况、文献短缺需求以及所赠书的使用情况，使他们有目的、有计划地赠书。另外，图书馆还可以利用适当的时机办理捐赠图书的特别展览，通过各种媒体加大宣传，吸引更多的机构和个人向图书馆捐赠文献。

与受赠相比，索赠虽然在后期图书馆开展的工作基本相同，但是索赠具有明显的文献访求性质，前期要有很多工作要做。图书馆相关馆员需要对本馆馆藏情况和用户需求有比较深入的了解，对本馆馆藏建设需要的文献有一定的把握，同时，还要通过调研对拥有本馆所需文献的个人或机构也能够有比较准确的了解。此后，图书馆就可以以书信、电话或登门拜访的方式主动向文献的拥有者或出版机构寻求赠予，以求获赠所需的文献资料。为了实现这个目标，图书馆需要广泛地留意各种出版消息、捐赠消息，以争取索赠的主动权和时效性。

三、文献交换

(一)文献交换的概念

文献交换是两个或两个以上图书馆在自愿的基础上，相互交换各自的文献资料，以达到以物易物、互通有无、调剂余缺、丰富馆藏的一种文献收集方式。这种方式有助于图书馆收集到一般途径难于收集的文献，如：发行量有限或不对外发行的文献、本单位缺藏的过时文献等。

从文献出版的特点来看，文献交换的范围包括以下出版物类型：一是政府出版物，如：各级政府的行政报告、统计报告、法律法规、决议案等；二是学校出版物，如：学报、教师著作、讲义、学位论文等；三是学术研究机构、生产单位、事业机构出版物，如：计划书、调查报告、研究报告、实验报告等；四是地方出版物，如：地方志、地方文献汇编等。

从交换的载体来看，交换的类型主要有：一是复本书刊，即经过图书馆登录、编目、入藏的书刊，其中以期刊为主；二是新出版书刊，指未经图书馆加工使用过的书刊；三是复制书刊，即重印的书刊、缩影版书刊以及艺术复制品等。

(二)文献交换的实现

为了达到良好的交换效果，文献交换应该遵循以下四个原则：1. 交换文献作为一种较经济的充实馆藏的方法，在选择交换对象及交换文献内容方面均应有目的地进行，才能达到预期的效果；2. 交换关系应建立在合作互惠的基础上，不能机械地配备交换的文献，对于各图书馆都无用途的、内容陈旧的、破损严重的文献资料，均不应列入交换品；3. 交换单位之间应尽量维持平衡关系，无论是计件还是计值方式，都应互求交换文献的质量及数量相当，价值接近；4. 交换文献工作应适当地组织，集中办理，工作力求简单迅速，并有详细的记载。

文献交换的具体实现包括以下三个环节：

1. 建立交换关系

一般来说，交换关系应该建立在图书馆相关馆员对本馆可交换内容和需要换回内容有基本了解的基础上，明确了要换回的内容，接下来就是对可能提供该换回内容的机构进行充分调研，然后根据调研情况选择几个备选单位并进行排序，以便于联系确定。当然，还有一些建立了交换关系的机构，建立关系之初并不清楚可以交换的内容，只是根据对方单位性质、学术地位、出版水平等情况跟本单位比较贴近，从而建立预交换关系。图书馆如想主动提出与某个机构建立文献交换关系，就应首先向对方寄发信函，以征求对方的意见，探讨交换的可能性和可行性；如果已了解对方有某些文献须做对口交换，则可以先去函问对方的需求和条件，看是否能够建立交换关系。双方同意后，即可建立文献交换关系。交换关系建立可以签署正式的交换协议，也可以只建立文献交换档案，记录交换机构名称、地址、所拥有的文献和出版物，建立交换关系的日期，以及首次文献交换的情况，等等。

2. 进行文献交换

根据双方的协定和对方的需要，及时向对方寄送文献。所寄送的文献须进行详细登记，以便备查。如自己所提供的文献特别是连续出版物有所变化，应及时通知对方。收到对方寄来的文献后，应及时做好登记，以便掌握交换的进行情况。一旦发现所交换的文献，特别是连续出版物出现遗漏现象，应及时联系解决。

3. 交换文献和文献交换工作跟踪分析

定期对文献交换工作情况进行分析，如：交换频率、遗漏交换的频率、交换费用等，也要对交换的文献进行分析。如果交换文献现在已经包含在某电子版数据库中，或者交换文献由原来内部发行变成了公开发行，或者交换文献通过交换所要付出的成本与购买所要付出的成本相仿甚至高于购买成本，交换文献质量下降明显、交换文献利用率低等，就要从整体上分析交换是否有必要继续开展或进行调整了。

第三章 图书馆不同类型文献信息资源采访

在迅猛发展的信息环境和各种社会因素的影响下，图书馆的馆藏内涵、资源结构、资源获取方式等，都出现了与传统图书馆藏书建设不同的特点，这决定了文献采访模式的内容与形式也会发生变化。本章重点从图书的采访、连续出版物的采访以及其他类型文献的采访进行阐述研究。

第一节 图书的采访

一、图书的概念界定

图书，又名书籍，是记录人类文化最主要的载体，是人类社会发展到一定阶段的产物，伴随着文字的出现而产生，反映人类的思想，记录人类对周围环境的认识，经历龟甲、兽皮、金石、拓片、竹简、锦帛、纸张、电子化等不同载体形式，绵延数千年不衰，在可以预知的未来，也会一直存在并发展下去。但不管是在历史上长期存在的各类型藏书楼，或者是近代的传统图书馆，还是当前的复合图书馆，抑或是某些已经建成或者在建的数字图书馆，图书都是各类型图书馆最主要的收藏内容。

在中国古代的典籍中多有关于图书的定义，比如，《尚书·序疏》从图书的内容出发进行界定，认为"百氏六经，总曰书也"；《史记·礼书》从图书的范围出发，界定为"书者，五经六籍总名也"；《说文解字·序》从图书的载体形式出发，界定为"著于竹帛谓之书"；

等等。虽然这些定义受历史时代限制，无法对图书以后的发展给出比较全面的总结，但已经较为准确地揭示了书籍的内容、范围、载体形式。图书，作为一种特定概念，已经从庞杂的原始文字记录中脱颖而出。

经过数千年的发展演变，图书所涉及的知识范围不断扩大，载体形式不断变化，生产制作的方法也经历了数次变革，图书装帧及书中内容的表达方式也在不断多样化。

现代意义的图书，有广义和狭义之分。对于图书馆这样一个概念而言，图书是其中的关键部分。从字面意义来看，图书馆就是收藏图书的馆所，但实际上收藏不但有图书，还有期刊、报纸、声像资料、石刻拓片、数字文献等各类型的文献，这里之所以叫作图书馆，而不是报纸馆、期刊馆等，实际上取的是图书的广义含义，泛指各种类型的读物。同样利用广义图书概念的还有图书情报工作，显然这项工作不只是针对图书。更多的时候，图书情报工作实践中将图书与期刊、报纸、音视频资料、缩微资料等相提并论，此时图书不再包括其他类型资料，而专指图书，使用的是图书的狭义概念。本书中所提到的图书，一般是指狭义图书的概念。

狭义地讲，图书是使用文字、图画或其他符号手写或印刷于纸张等形式的载体上并具有相当篇幅的文献。这里的"相当篇幅"一般认为是联合国教科文组织认定的篇幅，即不计算封面，页数不少于49页的非定期出版物。图书包括政府出版物、教科书、大学论文、单行本、系列出版物、绘画作品等，但不包括广告出版物、时间表、价目表、电话号码簿、节目单、日历年历、乐谱、地图(地图集除外)、图表等。作为一种比较成熟的不定期出版物，它以印刷本为主，包括手抄本，主要由封面、书名、篇章目次、正文、版权页、封底等组成，并装订成册。图书的出版周期比较长，出版的品种和册数都比其他出版物多，所反映的内容是对以往知识的概括和总结，它的知识价值大于情报价值。

图书按照内容反映的学科，可分为社科图书、科技图书等；按照文种，可分为中文图书和外文图书；按照使用目的，可分为一般图书、工具书、教科书、考试用书等；按照装订形式，可分为简装、平装、精装、线装等；按出版形式，可分为单卷书、多卷书、丛书。中小学生阅读的图书还包括装帧奇特、颜色鲜艳的普通图书，各类型绘本、布袋书、折页书、三维立体书等。

二、中小学图书馆图书采访的要求

(一) 中小学图书馆图书采访的特点

中小学图书馆的图书采访工作就是根据自身的性质、任务、藏书规划、服务对象以及经费等情况，遵循一定的原则，通过预订、现场采购、网上采购、代购、邮购等方式对各种图书资料进行采购、征集和补充，从而建立一个科学、合理的藏书体系，为学校的教育与教学服务。

中小学图书馆图书采访与其他类型图书馆采访具有共性，即都应遵循一定的采访原则，比如，实用性、思想性、经济性、系统性与发展性、特色化与分工协调等。同时，中小学图书馆又由于其自身特殊性而在采访原则上有所不同。

这里的特殊性主要源于四个方面：1. 中小学图书馆的用户主要是中小学生，这个群体正处于求知探索的初步阶段，对自然和社会的探索热情和求知欲强，但世界观、人生观、价值观尚未完全确立，没有健全的辨别能力。中小学图书馆的图书质量决定着中小学生汲取的精神养分，决定着学生的未来。作为国家和民族的希望，中小学生理应受到国家、社会、学校和图书馆各方面的积极引导。2. 中小学图书馆另一类用户是学校的教职工，图书馆的职责是为中小学教职工的教学科研服务，但主要是为教职工的教学提供支持。3. 中小学图书馆用户年龄跨度大，基于此，中小学图书馆因为支持教学服务而与为中小学生提供服务的儿童图书馆或类似功能的公共图书馆性质不同，也与同样提供教学科研支持服务的大学图书馆的性质不同。4. 同等性质学校的图书馆收藏内容相近，便于标准化和规范化。这些都需要在中小学图书馆在具体采访工作中重点进行考虑。

中小学图书馆的图书采访，还有一点需要特别注意，对中小学图书馆的藏书，各级教育管理部门有很多细致、明确的规定，给中小学图书馆建设提供了非常明确详细的指导。中小学图书馆建设应该严格遵循，这些规定主要包括以下三个方面：

1. 对收藏图书类型有明确的要求

中小学图书馆藏书类型应该包括适合中小学生阅读的各类图书和报刊、供师生使用的工具书、教学参考书、教育教学理论书籍和应用型的专业书籍。民族地区中小学应当配备相应民族语言文字的文献资源。接收残疾学生随班就读的学校应当配备无障碍图书。

2. 对图书数量、每年新增量和藏书分类比例等都有明确指导

针对不同类型学校图书馆（室）都进行了规定，比如，全中学人均藏书量至少40册，每年生均新增纸质图书1册，小学图书馆综合性图书占比为5%，中学图书馆综合性图书占比为4%等。各省市区县的教育管理部门也会根据国家教育部的相关文件精神和本地实际制定一些规范和标准，以更加细致地指导中小学图书馆建设，精细程度甚至包括纸质图书预算可以参考的价格。

（二）中小学图书馆图书采访的基本要求

中小学图书馆是学校的文献信息中心、教育教学和教育科学研究的重要场所、学校文化建设和课程资源建设的重要载体，也是促进学生全面发展和推动教师专业成长的重要平台，面对的用户是教职工和 6 岁到 18 岁年龄段的学生。这个年龄段的学生正处于学知识、长身体的阶段，对知识的追求促使他们愿意在教材之外，积极阅读各类教辅等对学习有帮助的图书，同时也需要阅读大量拓展视野类的图书，以满足中小学素质教育和高素质人才培养的要求。另外，这个年龄段的学生也对周围的世界充满了好奇心，需要借助于图书阅读来排疑解惑，并希望在繁重的课业压力下，通过图书阅读得到娱乐、消遣和放松。中小学图书馆学生用户图书阅读的目的主要是求知、拓展视野、满足好奇心和娱乐，且较容易被图书独特有趣的装帧、书名等图书的外在因素吸引。对于中小图书馆的教职工用户而言，他们一方面需要阅读教学理论、教学方法和教学参考等与教学和研究相关的图书；另一方面，也需要一些生活、休闲、娱乐消遣的图书。结合中小学图书馆的用户需求及其图书采访特点的分析，中小学图书馆图书采访主要有以下基本要求：

图书采访要选购内容健康且与教育教学任务相适应的书籍。限于中小学生尚无健全的辨别能力，图书内容健康非常重要，需要重点进行审核，而且在书的装帧、书名等外在形式上也要特别注意。2018 年 10 月，国家教育部教育装备研究与发展中心在全国中小学图书馆（室）开展馆配图书适宜性评价自查和抽查工作时制定了图书适宜性评价标准，从合法性、适宜性、可观性三个方面列出了禁止采购的纸质图书和电子图书标准，这都为图书采购审查提供了依据，应严格遵循。为了保障图书内容健康，中小学图书馆应优先采购国家教育部及各省教育管理部门推荐书目上的图书，这些图书都是教育管理部门委托相关专家精心挑选的，除此之外的图书则需要结合中小学生的情况认真审核书中的内容。内容上，中小学图书馆的图书采选应该充分考虑不同学段、不同年级学生实际阅读水平和理解能力，依据各馆主要用户群体的情况选择与其相适应的图书。

除此之外，需要注意的是，随着新课程改革，中小学所使用教材的版本和内容有可能与之前有所不同，中小学图书馆应该密切关注相关的工作进展，选择与当前教学所用教材相适应的教学参考书、科技读物及其他相关图书。需要注意的是，在选择这些图书时，需要注意各类读物的深浅度应该与用户实际能力大体匹配，一般应该选择那些短小明快、通俗易懂的内容，才利于用户消化和吸收。也正因为中小学图书馆用户年龄跨度比较大，阅读力有非常大的差距，在图书采购的时候要充分考虑这些因素，尽可能照顾到所服务的各个年龄段的用户，力图使不同阅读力的用户在图书馆都能找到自己所需要的图书，满足中小学生不断增长知识的需要。图书的采选还要满足教师备课、科研和指导课外活动的需要，在图书版本上不能遗漏教师教学所使用的各种"教师用"图书。当然，中小学图书馆普遍存在经费不足的问题，因此，在采选过程中应考虑经济状况，精选图书，对那些质次价高、名目繁多的复习资料和课外读物要坚决抵制。

在图书复本的选择上，由于中小学图书馆的用户类型比较单一与固定，对图书的需求也相对集中，不宜采用统一的复本政策，应该按照以下原则：教师教学与科研用书应该做到"种多册少"；教学参考书，比如：各年级的教案，应做到"种少册多"；学习参考书，比如：各种习题集和教学指定的课外读物，应做到"种多册多"；各类优秀的文学艺术作品应做到"种多册少"；一般性课外读物应做到"种少册少"。对于各类工具书，除教学参考或学习参考类，复本量一般控制在两册以内。

三、中小学图书馆图书的主要采访方式

尽管电子文献、音视频文献、网络文献等已经大量涌进了图书馆，图书仍旧是包括中小学图书馆在内的各类型图书馆最为主要的采访对象。图书的采访方式有购买、交换、获赠、调拨、呈缴等，其中，购买是中小学图书馆采用的主要方式。本书第三章讨论过文献购买的方式，主要有政府招标订购和自主采购两大类，涉及订购、邮购、现场采购、网络采购等具体采购形式。在图书采访的具体实践中，目前中小学图书馆多采用政府招标和自主采购相结合的方式进行采购，具体形式以调拨、订购、现场采购、网上采购为主，其中调拨主要来自上级管理部门。

政府招标图书采购的实现主要有三种形式：1. 上级主管部门统一招标统一采购，然后调拨到各学校图书馆，各学校图书馆接收后整理、编目、入藏；2. 上级主管部门统一招投标，确定图书供应商、采购折扣等，学校和中标供应商签订合同，主要以订购或现场采购的形式进行采购，图书馆负责具体图书的订购、现场采购或网络采购，然后验收、编目、入藏；3. 学校或者图书馆独立开展招投标的工作，确定图书供应商、采购主要内容、购书采购折扣等相关事宜，并根据需要，通过订购、现场采购、网络采购等形式进行采购，以及开展采购到馆后图书的验收、编目、入藏等工作。对于大多数中小学图书馆而言，图书采访一般以现场采购和网络采购为主、订购为辅。至于如何选择合适的采购形式，大体可以考虑以下一些因素：

1. 根据采购的规模选择不同的采购形式

对于常规性少量采购，可以选用网络采购的形式。相比于现场采购，网络采购有图书品种多、范围广等优势，采访人员不受时间地点等因素的限制，只要能上网就能随时随地进行采购。网络采购可以每天有计划地进行，可以随时根据采访数据的统计调整采访进度，根据各时段预订的种类、复本、经费等调整各个学科的采访比例，进行有计划、有系统的采购。当需要采购大量图书时，可以几种模式同时采用，以书目订购为主，现场采购、网上采购为辅。书目订购的周期较长，但具有品种多、采集面广等优势，能让采访人员更系统、更全面地对新近出版的图书进行采购，能在保证采访准确性的同时采购到品种较多的图书；而现场采购与网络采购则配合采购较少量的图书，对馆藏体系起到查漏补缺的作用。

2. 根据采购的缓急选择不同的采购形式

不同采购形式效率有所不同，书目订购的形式最慢，网络采购需要留有配送的时间，而现场采购能即时获得所需图书，可以根据采购任务缓急情况选择不同的采购形式。一般性的采购任务，可以利用书目订购的形式开展。书目订购的周期较长，但可供选择的品种丰富，更容易满足采购需求，可以按照原有计划，系统地开展。如果有教学教研任务急需，则可以采用周期短的现场采购。现场采购有很强的时效性，即买即配，但受限于书店的规模，其图书品种、范围有限，有些急需的图书可能难以采购到，所以还要辅以网络采购。随着物流网的不断增速，很多本地采购任务可以实现 24 小时之内送达，网络采购也可以部分代替现场采购的工作。

3. 根据采购的侧重点选择不同的采购形式

为了建立比较合理的馆藏体系，一般图书馆采访工作要根据馆藏比例不断地调整，当需要采购某类专业书籍或某一专题的图书时，宜采用现场采购及书目订购的模式。面对浩瀚的图书海洋，选择专业书籍需要借助有关学科的教师或组织教师与采访人员一起到书店、书市现场采购，或让书商提供相关的书目由教师选择。现在各个图书馆都强调要有自己的特色，所以都会注重特藏建设，需要去采集与特藏相关的信息，但这类文献正式出版和大量发行的不是很多，现场采购可获得的难度很大，就需要利用书目订购、网络采购或文献寻访的形式进行。

4. 根据采购的经费选择不同的采购模式

购书经费一直是制约中小学图书馆采访工作的重要因素。没有固定的购书经费或购书经费较少是许多中小学图书馆常见的现象，这一部分是由教育经费不足造成的，也有一部分是由于学校领导层对图书馆建设的重视程度不够。在这种情况下，要保证完成《规程》中每年生均一册的递增要求有时就比较困难。因此，在有限的经费下更应注重采购模式的选择，用有限的经费购进既有数量又有质量的图书。网上书店具有一般实体书店无法比拟的价格优势，采用网上订购是最为合适的。如果临时有较多图书经费需要紧急用完，则采用现场采购的模式更为合适。

四、中小学图书馆的图书采访流程

本书第三章已经比较宏观地介绍了中小学图书馆文献采购的基本过程，从采购准备、采购实施和采购后续跟踪三个阶段介绍了文献采购过程中需要做的工作。图书是中小学图书馆文献采购的主要内容，需要遵循文献采购的基本流程。下面结合图书的特点，讨论中小学图书馆图书采访的流程。

1. 制订合理的年度采访计划

"凡事预则立，不预则废"，中小学图书的采访工作也是如此。虽然前文反复强调中小学图书馆馆藏有比较系统的中长期计划的重要性，但短期的年度计划也非常重要。在制订年度采访计划前，图书馆相关负责人应该与教学主管部门和德育主管部门进行沟通，了解本年度学校在教学、教育工作上的安排，再结合本馆的实际情况，确定本年度图书采购的总任务及各项具体要求、本年度图书采购的重点和范围、各学科图书的复本量、经费的使用计划（包括预订、现购等所占比例），做到合理、有效地使用购书经费，保证图书采选质量，以实现图书采访目标。图书采访是一项制度性、连续性很强的工作，采访制度与采访计划是图书采访的依据，可以避免随意性、盲目性和无效性。提高藏书品质是学校图书馆的重要工作方向，因此，图书采访要坚持"择优采购，质量第一"的原则。

2. 调查用户全面或细致需求

中小学图书馆的主要用户对象是全体教职工和学生，其信息需求与学校课程设置、教学进度等各项活动安排有关。图书馆应了解用户的信息需求和阅读倾向，并通过用户需求分层的方式，密切关注各个学年因课程改革等原因所造成教学内容的调整，进一步整理用户细致的需求，加强图书采选的针对性。对于教学信息需求，可通过参加教研会议，了解教学动态、课程设置安排、课本版本的变化等有关信息。对于学生和教师阅读的需要，可以通过问卷调查或访谈的方式进行收集，也可以通过图书推荐的方式直接获得用户需要的图书信息。为了鼓励用户反馈需求和推荐图书，可赠送小礼品或颁发奖状等作为物质奖励或精神奖励。

3. 调查书源信息，收集有关书目

这个阶段应该根据用户需求收集需要购买的图书目录，并确定购买的途径或场所。对于用户需求，需要进行必要的判别。对于图书推荐等非常明确的图书需求，可以根据采访政策判定是否购买，需要购买的可以找到相关图书直接购买；对于不是特别明确的需求，则根据采访政策收集、分析书目信息，从而最终确定需要购买的图书。

4. 对收集的书目进行初选和查重

对网上和其他途径收集到的书目应进行初选，但面对品种数量巨大的图书，如何选择图书是个问题，所以选书买书不但要买正版，还要注意选择合适的出版社。不同出版社出版的图书质量是有区别的，买书先看出版社，可以优先考虑"全国百佳图书出版单位"的一级出版社或二级出版社等社会信誉度高的知名出版社。采访人员还需要深入了解本馆的馆藏情况，了解本馆各类藏书的数量和流通情况，选出当前所缺少的图书，对流通率高的图书可适当增加复本量，减少或停止低流通率图书的采购。对初选图书可使用手工或计算机通过 ISBN 号、书名、分类号、著者等信息进行查重，以便有的放矢地预订、购买图书，有计划、按比例地进行文献信息资源建设。

5. 图书选(订)购与验收

对于教案、教学参考书与练习册等图书资料，由于各地使用的版本不同，本地的书店品种相对更多更齐全，因此可采用直接到本地书店选购的方式选购图书。采用这种方式的优点是能直接了解图书的内容，到书及时迅速。采购时最好带上教研组相关教师，这样就会更专业。对于本地无法采购到的图书，可通过向外地书店、书商发送订单，或者采用网上采购的方式。采用网上采购方式要选择知名的、信誉好的网上书店。由于网络存在一定的不安全因素，可采用网上采购、网下结算的方式进行，以保障中小学图书馆的权益。中小学图书馆应特别注意图书的验收环节，要防止部分书店鱼目混珠、以次充好，甚至将盗版图书掺入正版图书中进行销售的做法。

第二节　连续出版物的采访

一、连续出版物的概念及分类

连续出版物，也称连续性出版物，是一种具有统一的题名，定期或不定期以分册形式连续出版，以卷、期或年、月编号，可发表多位作者的多篇文章，并且计划无限期连续出版的印刷或非印刷形式的出版物。连续出版物出版周期短，内容新颖，能及时反映最新知识、最新科研成果和最新时事消息。因此，对科学研究和制定政策具有重要参考价值。尤其在当前知识爆炸的时代，连续出版物的作用更加突出。为了更好地发挥连续出版物的作用，图书馆应系统地、重点地进行收藏，并及时进行编目，准确地记录和登到，以满足各类用户的需要。

连续出版物包括期刊、报纸，以及成系列的报告、学会会刊、会议录丛刊等。对于中小学图书馆而言，报刊是其采访收录最主要类型的连续出版物，本节主要讨论的也是期刊和报纸。

(一) 期刊

期刊是有固定名称，以卷、期或年、月编号，每年至少出一期，每周至多出一期，版式基本相同、装订成册的连续出版物，包括周刊、月刊、双月刊、季刊、半年刊、年刊（年鉴、年报），以及一年出一期或以上的不定期连续出版物。

总体看来，期刊的主要特征是：1. 定期或不定期连续出版，以定期居多，一般出版周期不超过一年；2. 有固定的名称，有统一的版式和外观，使用连续的卷期号和年月顺序作为时序的标志；3. 每期内容不重复，每期有多个作者的多篇文章。中小学图书馆期刊按照其内容性质和使用对象可以划分为以下六种类型：

1. 学术性期刊

这类期刊主要发表学术论文、会议论文、实验报告、研究报告等具有较强学术性、理论性的文章，大多是作者的原始论文，使用对象主要是教职工。

2. 政论性期刊

这类期刊以发表政论性和政策性文章为主，报道和评论国内外时事和重大事件，宣传有关的方针政策，对社会关心的热点问题进行讨论，具有很强的政治性和政策性，是了解国家方针政策的重要信息源。

3. 检索性期刊

这类期刊是通过对大量原始科学文献的加工整理，著录其外部特征和一部分内容特征，按一定逻辑顺序加以编排，并以期刊形式报道，供人们查检文献用的刊物，比如：《全国报刊索引》《中国人民大学报刊资料》等。

4. 评论性期刊

这类期刊主要刊登各种综述和述评类型的文章，这些文章有的总结国内国际形势，有的总结某一时期、某一科学研究领域的最新成果和发展趋势，有的专门对图书或报刊上的文章进行评论，能帮助用户在短时间内全面了解某一方面的情况。

5. 通俗性期刊

这类期刊以普及科学文化知识、丰富文化生活为目的，包括科普性期刊、知识性期刊、趣味性期刊等。这类期刊通俗易懂、图文并茂，虽然情报价值不大，但在普及知识、增长见闻、陶冶情操方面具有重要的作用。

6. 文学艺术性期刊

这类期刊主要刊登文学艺术作品，供人们阅读欣赏。

（二）报纸

报纸是有固定名称，一般每周至少出两份，版式相同、不装订成册的连续出版物，以最快的速度报道新闻、时事评论，以及科学技术方面的最新成果。报纸内容更加广泛，版面一般也较大，多为对开和四开，以单张散页形式呈现，包括日报、隔日报、周报等。与期刊相比，报纸出版周期更短，时效性更强，发行量很大，但是报纸报道的内容通常不够详细，总体不够系统和深入，若要对报纸所载信息内容做深入了解，一般需要阅读原始文献如相关图书。报纸种数非常多，依据不同的标准，可以对报纸进行以下划分：

1. 依据内容可以分为综合性报纸和专业性报纸

综合性报纸内容广泛，以刊登有价值的社会各方面的新闻以及对新闻报道的评论为主，面向整个社会，以普通用户为发行对象，不偏重某一阶层或某一行业，如：《人民日报》《文汇报》等。专业性报纸则以发表反映某一行业、某一系统、某一阶层或某一类人群的新闻和评论为主，以特定范围的用户作为发行对象，如：《中国老年报》《健康报》《中国少年报》等。

2. 依据报纸的发行范围可分为全国性报纸和地方性报纸

全国性报纸以全国的新闻为报道范围，向全国各地发行，如：《人民日报》《光明日报》《文汇报》等。地方性报纸则以报道某一地区新闻为主，并主要向该地区发行。各省（直辖市、自治区）的党委机关报以及地、市、县报都属此类报纸，如：《北京日报》《沧州日报》等。

3. 依据出版时间可分为早报、晚报、周报和星期刊报

早报，也叫晨报，是早上发行的报纸，一般稿件截至前一天下午 4 点，排版之后稿件在深夜两点之前印出来。晚报均在大城市出版，每天下午或傍晚发行，一般是下午两点左右印出来，报道从前一天上午到当天上午的事，晚报时效性比之早报差一点。周报多是地方性报纸，每周发行一次。星期刊报则大部分依附于大报，一般在周末发行，如：《湖北日报》的《楚天周末》。

4. 依据出版版面大小，有大报和小报之分

大报是一种大开张形式的报纸。小报一般指四开报纸，多为地方报纸，或大的企事业单位主办的报纸。一般说来，大报新闻的价值观偏向"政治＋外交＋战争"的结合，在版面的背面则是体育报道，大报的目标是深入而全面地报道。小报报道内容一般比较单一，偏娱乐性或偏专业性。

5. 依据报纸所使用文字，可分为汉文报纸、少数民族文字报纸和外文报纸

汉文报纸以汉字为主要载体，记录新闻事件。少数民族文字报纸指使用少数民族文字编辑的报纸，显示地方的文字特色。外文报纸以英文等国外文字为主要载体。

二、连续出版物采访的基本原则

与对图书类文献的规定非常细致系统相比，对于图书馆连续出版物的规定并不多。但是这并不说明这部分内容不够重要，因为报刊等连续出版物对于知识内容展示的时效性远强于图书类文献，在中小学图书馆教学科研和学生培养中发挥着非常重要的作用，是中小学图书馆整个文献保障体系中非常重要的一环，连续出版物的采访不容忽视。依据这类文献的特点，连续出版物的采访应该遵循以下四个原则：

1. 系统性原则

因为连续出版物定期或不定期以分册形式连续出版且计划无限期地连续出版，保持连续出版物馆藏的系统性、连续性、完整性是每个图书馆必须坚持的原则。图书馆在确定连

续出版物购买的时候要慎重，应该依据学校图书馆的任务、目标，以及相关规定，选择时要尽可能完整、系统地反映学校的教育教学特色和地域特色，但购买之后停订应该更加慎重。在确定了购买某种报刊后，如果没有特殊的客观原因，就应该持续订购，以确保文献的连续性和系统性。

2. 针对性原则

所谓针对性就是连续出版物的采访应从本校的实际情况出发，根据本校特点、学校教学管理和学生学习的任务需要来确定连续出版物采访的范围、数量和品种，既要满足需要，又不能盲目求全。对于中小学图书馆而言，每年征订开始的时候，悉心调研学校教务等管理部门、教师和学生对于连续出版物的需求非常有必要。需要注意的是，这种调研并不是只做一次就一劳永逸，因为国家教育政策、本校教学管理重点等方面每年都有可能发生变化，所以图书馆每年都需要密切关注学校各层面的变化，然后根据这些变化选择合适的调研途径和范围，使得图书馆文献建设在满足学校需求方面更有针对性。

3. 计划性原则

连续出版物的特点决定了图书馆必须对这类馆藏的完整性进行系统考虑，连续出版物的采访工作也应具有长远的战略规划，既要满足当前用户的需求，又要考虑未来发展的需要。连续出版物的采访须具有前瞻性和长远性，这就需要图书馆经过充分调研和慎重讨论，确定连续出版物采访政策，明确连续出版物的收藏范围和标准，并按照这个标准长期持续采访。在执行计划性原则时，有一个因素需要重点考虑，那就是电子和纸质连续出版物互相协调的问题，已经订购电子版或通过互联网免费开放获取的连续出版物，可以减少相关纸版的采访。另外，如果本区域中小学图书馆有比较好的合作共享关系，各馆的连续出版物采访也可以通过合作建设的方式，根据分工进行采访，共同使用，这些也需要事先进行计划。

4. 重点与普通兼顾原则

在具体采访过程中，面对种类繁多、内容繁杂的连续出版物，图书馆有限的连续出版物订购经费并不能满足订购所有种类的需求，这就需要从中遴选需求重点给予保障。连续出版物的订购需要建立"重点保障，其他辅助"的策略。在考虑重点保障的内容时，各馆应对期刊进行评价或利用第三方机构研制的核心期刊列表确定核心期刊，比如：《中国社会科学引文索引》(CSSCI)收录期刊(俗称"C刊")和北京大学《中文核心期刊要目总览》收录期刊(俗称"北大核心")等，并保障重点期刊，这样不但能够节省图书馆经费、收藏空间、人力和物力，而且能使用户以最少的精力和时间，获得最有用的信息。

三、连续出版物的具体采访

(一) 连续出版物的采访方式

与图书类文献相比，报刊等连续出版物的采访有比较大的不同：1. 发行渠道不同。报刊的发行主要有三类渠道：一类是通过邮局订购，另一类是报刊的编辑单位自办发行，还有一类是报刊集成供应商协助采购。2. 出版来源不同。图书类文献多来源于出版社，而报刊的编辑出版则比较多元和复杂，很多地区、系统、组织都有编辑出版机构，编辑出版机构的规模大小不一，管理水平也有一定的差距。3. 出版周期不同。图书是一次性出版，报刊是根据固定的出版周期连续出版，但是报刊的出版周期差别较大，有每年出一期的年刊，有每月出两期的旬刊，还有每天一期的日报，采访管理的难度比较大，因此报刊等连续出版物的采访比较复杂。

第三章从购入方式和非购入方式两大类介绍文献采购众多方式，连续出版物的采访方式涉及其中的部分采访方式。这些采访方式主要包括文献订购、文献邮购、文献现货选购、文献捐赠、文献交换等。其中，文献现货选购一般用于图书馆因各种原因未收到某一期或某几期刊物时，直接通过到编辑部现场选购或文献邮购的方式获取。连续出版物的文献订购是文献采购最主要的采购方式，可以从连续出版物第三方集成供应商处采购，也可以借助邮局进行订购。非购入方式中，连续出版物采访主要采用交换和捐赠两种方式。

1. 文献订购

订购是连续出版物采访的主要方式，主要包括预定、现购、邮购等。连续出版物的订购大部分是统一定期订购，一般是一年订购一次，通过报刊集成供应商或邮局的征订目录进行选择预定，也有少量报刊通过报刊出版单位独立订购。订购工作一般需要根据合同约定预先付部分费用，订购单位根据订购合同约定和出版周期将最新出版的出版物发送给图书馆，图书馆按期分批验收，全年验收完成后结清尾款。根据合同约定，也可以在订购初期结清费用，但需要约定必须保证提供齐全的连续出版物，采用邮局订购一般需要付清全款。由各出版单位直接发行的报刊(含内部刊物)，一般由出版单位直接寄征订目录到图书馆，图书馆根据需要填写订购回执，连同相关款项直接寄给出版单位完成订购。

2. 文献交换

文献交换是获得连续出版物的一种重要方式，特别是那些不公开发行的有价值的内部刊物，通过购买、订购的渠道获取困难，比如：各校办的质量高的报刊，都可以通过交换的方式获得，本馆多余的报刊复本也可以通过交换的方式换新报刊。报刊交换是相关单位促进相互了解、开展合作非常有效的手段，也是相互补充、拓宽报刊资料来源的重要途径，有国内交换和国际交换两种，具体实施参见第三章的介绍。

3. 文献捐赠

捐赠是除订购和交换之外非常有效的采购途径，也分国内和国际两种情况。一般通过发函、去信、电话等方式联系索取，也可以去相关的出版机构走访索取。凡是既不订购也不要求交换的非卖品报刊以及缺期而为对方多余的复本期刊，都可以通过文献捐赠的方式获得。

(二) 连续出版物的选择与评价

对于中小学图书馆而言，分配给报刊等连续出版物的经费远不及图书类文献，在整体经费比较紧张的情况下，图书馆用在采购报刊等连续出版物的经费就更少了，但是报刊等连续出版物的种类非常多，如果想采访到更好地满足学校教学科研需求的连续出版物，就涉及文献选择的问题，而文献选择需要对采访的连续出版物进行必要评价。经过各种标准的评价，对其学术价值和利用价值有了全面的了解，才能保证所选择文献的质量。连续出版物评价大体可以分为三个层面：

1. 外部特征层面评价

外部特征主要包括其名称、出版周期、开本、容量、页数、定价、发行方式、发行范围、版面设计等。出版周期、开本、容量等因素跟连续出版物后期的管理有着非常直接的关系，发行方式、发行范围决定着连续出版物获得的难易程度，定价决定着连续出版物采访的最终成本。这里还需要特别强调版面设计：中小学图书馆选择连续出版物，在版面设计方面需要考虑学生用户阅读能力方面的差异。比如，对于小学低年级儿童用户，连续出版物应当浅显易懂，以带插图的读物和连环画为主，印刷精美，最好能够标注拼音。对于不同年级的青少年用户来说，字体大小应与他们的年龄成反比，小学低年级儿童的阅读物字体要大一些，以免造成近视。封面颜色应鲜艳，设计美观，以引起青少年用户的阅读欲望。

2. 内容层面评价

中小学图书馆馆藏建设的指导思想是着力培养学生德、智、体、美、劳全面发展，为提高教学质量服务，连续出版物采访在内容方面也要遵循这样的要求。具体而言，中小学图书馆应选择能激励青少年发奋进取、努力学习、全面发展的连续出版物。这些连续出版物要适合不同年龄的学生的心理特点、阅读水平和阅读兴趣。优秀的连续出版物能激发青少年的爱国主义热情，培养其坚强的意志、良好的道德修养、高雅的审美情趣。这些连续出版物应能够弥补课堂教学的不足，开阔学生眼界，激发学生的求知欲和创造力，开发智力，增加知识积累。科学普及读物应能增长科学知识，文艺作品的格调应当高雅，具有较高的美学价值。这些连续出版物要包括德、智、体、美、劳各个方面内容，有助于培养学生的独立思考能力、创造能力和动手能力。

3. 应用层面评价

中小学图书馆连续出版物采访应用层面评价应对教师和学生分层考虑。

（1）对于教师，连续出版物首先应该满足的是他们的教学科研需求，连续出版物的采访应该选择那些专业性和学科性强的核心文献。核心文献是那些内容信息密度大、代表学科发展水平、所刊载内容使用寿命长、利用率和被引用率都比较高的文献。核心文献判断有一系列比较成熟的方法，比如：所刊载内容被权威文摘类文献摘录情况、所刊载内容的被引用率等。不过，各个图书馆不一定非要自己进行判断，北京大学图书馆、南京大学社会科学评价中心等机构基于这些方法定期推出其经过研究而得出的核心期刊列表，在选择和订购时可以参考。除了这些研究类核心文献，中小学图书馆还需要根据本校专业特长选择一些教学相关专业性期刊。

（2）对于学生，连续出版物需要满足的是他们拓宽视野、增长知识、陶冶情操等方面的需求。中小学图书馆需要订购以下方面报刊：学生用的学业辅导性期刊，如：《语文报》《高中数理化》；了解国内外大事的权威报刊，如：《人民日报》《中国教育报》《教育文摘》；符合学生群体特点的报刊，如：《中学生》《中国少年报》《中国青年报》。具体选择评价标准可以参考这些文献之前的使用情况或其他学校使用情况。

（三）连续出版物的采访流程

总体来说，连续出版物的采访流程与图书类文献的采访流程相同，都需要制订年度采访计划，补充了解学校及用户需求，获得可采访连续出版物列表，签订合同（或普通订单）完成订购，或通过交换、捐赠方式获得连续出版物，连续出版物验收和组织，提供连续出版物服务、连续出版物服务评价这样一个基本流程，这里不再赘述。但由于连续出版物具有特殊性，连续出版物的采访流程中还需要增加一些必要的环节。

1. 连续出版物订购前的目录审视

连续出版物的连续性要求采访工作的继承性和连续性，馆藏重要连续出版物需要长期稳定采访，不能随意中断，但因为连续出版物是连续出版，无限期发行，在出版发行过程中，一些信息可能会发生变化，应随时关注。这里特别需要注意的是出版物名称变化，比如：学科内容不变但名称改变、学科内容变化且名称改变、一种出版物分化成多种并更名、两种及以上种类出版物合并成一种并更名等情况，还要注意新创出版物、停刊出版物、出版者变化、发行方式变化(比如由自主发行转邮局发行)等情况，避免错订或漏订。另外，对于出版物刊期的变化也应该注意，这会关系到后面刊物的登记验收。

2. 连续出版物的催缺

催缺是指图书馆因采访的连续出版物未能按时到馆，须采用电话、邮件(含电子邮件)、传真等通信方式加以催促以补齐缺漏的行为。缺漏的原因有很多，可能是出版社方面未能准时出版或暂停出版、停止出版、多期合并出版、分发误差等原因，也可能是邮寄过程中误投、丢失等原因，还存在图书馆在接收、拆包、验收过程中某个环节造成丢失等原因。为了保障连续出版物的系统全面收藏，做好连续出版物的零星或批量催缺是非常重要的环节，在验收登录环节发现缺期就要进行登记，并及时进行催缺。催缺的时间和频率可根据出版周期的不同做出不同处理，日报需要每周催缺，周刊需要两周催缺一次，月刊需要三个月催缺一次。

3. 连续出版物的补购

补购是指购进那些应该收藏但因某种原因没有收到的连续出版物，是连续出版物管理工作中的一项重要的基础工作，也是保证连续出版物品种齐全以及各品种完整性的重要手段。补购工作有两个方面：一是对过期连续出版物品种的补购，二是对过期连续出版物缺期的补购。

第三节　其他类型文献的采访

一、中小学图书馆采访的其他重要文献类型

除了纸质的图书和连续出版物，中小学图书馆需要采访的文献还有电子图书、电子期刊、电子报纸等数字文献，以及诸如教学录音、录像之类的音视频多媒体文献，少数中小

学图书馆也收藏并持续采购一定量缩微类型的文献。要求相关的中小学图书馆要收藏民族文献和无障碍文献。其中，与数字文献采访相关的问题将在本书后面章节集中进行讨论。其他类型的文献在中小学图书馆具体采购过程中都是相对小众的采访对象。

在其他类型的文献中，多媒体文献是采访最多的一类文献。多媒体文献是多种媒体的综合，一般包括文本、声音和图像等多种媒体形式。在计算机系统中，多媒体指组合两种或两种以上媒体的一种人机交互式信息交流和传播媒体，使用的媒体包括文字、图片、声音、动画和影片以及程序所提供的互动功能。多媒体作为形象化的教学手段，打破了传统的以教师为中心的教学模式，增强了互动效果，激发了学生的学习兴趣，提高了教学效率和质量。多媒体文献需要专门的设备才能进行阅读，需要建有比较先进、完善的基础设施，包括实体服务空间、视听或多媒体设备以及高速网络和存储设备等。多媒体技术在中小学的应用伴随着信息技术和教育信息化的发展呈快速发展的趋势，多媒体文献在中小学图书馆中也呈日趋增长的趋势。

民族文献就是用少数民族语言文字记载的文献。民族文献是我国少数民族宝贵的精神财富，有着不可估量的价值和作用。它是一个民族文明的产物，是辨别少数民族族源、进行民族识别的重要依据，也是重要的语言资料宝库；是民族文化传统与历史沉积的记录，也是加快民族地区现代化建设的重要依据。少数民族聚集地区的中小学图书馆收集民族文献并提供民族文献服务，是尊重、保护、延续民族文化的重要手段。

无障碍文献是针对残障人士推出的可供他们顺利使用的文献。保障残障人士正常阅读文献是图书馆作为公益性机构义不容辞的责任。这里针对的残障人士主要为视障人士和听障人士，所涉及的文献主要是盲文文献、有声文献、配有字幕和手语的视频文献等。

二、多媒体文献的采访

多媒体文献的主要载体形式是录音带、录像带，以及存储于光盘、磁盘等存储介质和存储设备甚至云存储上的音视频文献，内容可以是音乐、电影、游戏、教学录音录像、计算机学习软件、虚拟现实导览等，具有直观、生动、形象、存储信息量大、传输迅速、易于保存、占用空间小、使用寿命长等优势，已成为中小学图书馆馆藏建设的一部分，在图书馆声像阅览室、多媒体阅览室和教师阅览室被师生使用。多媒体文献的采访总体上遵循征集用户需求、设定采购计划、获取文献列表、了解获取途径、订购或通过其他途径获取、验收、组织、使用、评价的基本流程，但在具体订购或其他途径获取过程中也有需要特别注意的问题。

1. 多媒体文献购买来源的特殊性与多样性

多媒体文献购买的来源并不是普通的编辑出版单位，多为专门音像出版社或普通出版社的音像出版部门或者学习软件互联网公司等，这些出版社、公司或者第三方集成提供商也会定期整理相关订单目录供图书馆选择订购，采访人员也可以根据需要到出版社或书店的电子出版物专柜直接选购。订购多媒体文献不一定是订购专门的光盘、磁盘或软件，这些多媒体文献也经常会作为附件依附于纸质书刊，在购买纸质书刊时同时购买，购买回来后要及时标记和组织处理，供用户使用。另外，多媒体音视频文献也正在被依据主题内容等分类方式集成组织到数字文献数据库中，图书馆订购后可利用数据库上的技术服务平台提供给用户使用。从数字文献数据库采购回来的多媒体文献，根据签订合同，有可能以本地镜像的形式保存在本地永久使用，也有可能采用租借的形式不在本地保存，用户在租借期内通过互联网访问使用。

2. 多媒体文献的互联网下载和复制

互联网上有非常丰富的多媒体文献，其中有很多文献可免费共享，尤其在一些专题网站或论坛上共享文献更多，图书馆可以在确认无版权问题的前提下下载并经过组织提供给用户使用。复制获取是多媒体文献采访的重要途径。由于复制的目的不是营利，而是满足用户需要和补充馆藏，更好地保证馆藏的系统性与完整性，一般情况下不涉及知识产权的问题。但部分多媒体文献本身限制了复制，有些通过合同或者其他形式的协议、版权声明等约定不允许复制，这些多媒体文献的复制需要征得版权人的同意。

3. 多媒体文献的自行录制

中小学图书馆多媒体馆藏建设，还应根据需要在征得权利人同意的前提下自行录制，比如：本校教师或者其他单位教师的讲课视频、观摩课音视频、实验指导课音视频、特定音视频翻录等。自行录制的多媒体文献是根据本校需求个性化定制的文献，对学校教学科研有很大的辅助作用，应该在文献采访中予以重视。

三、民族文献的采访

尊重和保障少数民族使用本民族语言文字接受教育则是国家法律政策赋予少数民族学生的基本权利。民族地区中小学图书馆要落实教育法为实施双语教育提供条件和支持的具体要求，建设民族文献馆藏也是民族地区中小学图书馆不可推卸的责任。

总体看来，民族文献和普通文献除了语言上的区别外，并无本质上的差别，民族文献和普通文献的采访工作也无本质上的区别，相关采访流程和要求也大体相仿。但相对于汉语文献，民族文献出版机构较少，相对分散，出版量也比较少，获取民族文献采访目录不易，系统全面采访所需文献有一定的困难。为保障民族文献收藏的系统性，中小学图书馆民族文献馆藏建设首先应该开展调研，了解学校基于教育管理和培养人才所产生的民族文献建设需要；其次，应该确立馆内的民族文献建设的相关方针、经费使用预算比例、中长期发展规划等，然后根据文献采访一般流程开展文献采访工作。

民族文献的采访需要在订购等购买方式之外，将更多的精力用于文献访求，具体方式有：1. 走访调查。跟踪走访民族文献建设相关出版机构和文化名人，及时掌握民族文献的出版信息和私人收藏信息，以便购买或寻求捐赠。2. 复制。在遵守著作权法的前提下，对于某些收藏者不捐赠或出售的情况，可以采用复印、手抄方式进行文献复制。3. 析出。对于夹在各类民族文献集或其他文集中所需文献，可以通过复印、扫描、摘抄、剪辑等手段对分散的文章、文集等进行集中。4. 交换。与其他文献收藏单位和个人建立友好合作交流关系，进行文献交换。5. 征捐。开展用户研讨活动，倡导用户及所在单位进行捐赠活动，接受个人、团体、机构的捐赠。

四、无障碍文献的采访

（一）无障碍文献的类型

中小学图书馆无障碍馆藏建设的目标是确保残障用户无障碍地使用图书馆的文献，保障他们利用图书馆的权利。对于图书馆而言，残障用户主要包括视障人群、听障人群、体障人群、语障人群四大类，根据残障程度还可以细分重度、中度和轻度。四类人群对于图书馆无障碍使用文献的需求有较大的不同。普通纸质文献对于听障人群、语障人群、轻度体障人群都适用，但重度残障人群因为阅读速度、无法用手拿书本等不同原因需要其他特定类型文献，视障人群需要特殊类型的纸质文献，听障人群对于多媒体等文献也有特定的要求。因识字量少而造成的阅读困难人群虽然不是严格意义的残障人群，但是其阅读权利也应该予以保障。总体来说，中小学图书馆需要建设的无障碍文献类型有：

1. 盲文文献

盲文作为盲人触摸使用的专门文字，也称点字，是由凸起的点组成的拼音文字，它由透过点字板、点字机、点字打印机等在纸张上制作出不同组合的凸点组成，一般每一个方块的点字由六点组成。盲人用手触摸点的位置，以此识读文字。盲文文献就是利用盲文撰写的点字文献，是为视障人群提供服务的主要文献类型。

2. 图画文献

图画文献是用图画与文字共同叙述完整故事的文献，图画在其中不是文字的附属，而是图画书的生命，承担着叙事抒情、表情达意的任务。图画文献用画面来说话，非常强调画面的连贯，即使对于不识字的用户，仅靠"读"画面，也可以读出大意。图画文献针对的是不识字或者识字量非常少的阅读困难人群，小学低年级的学生也可以使用图画文献。

3. 大字本文献和拼音文献

大字本文献比普通纸质文献的字体大，色调柔和，视觉效果好，对幼儿理解、推理、判断等能力的发展有促进作用，除可以供儿童阅读以外，还可以供弱视人群、有阅读困难人群和部分体障人群使用。拼音文献中的汉字都标注了汉语拼音，识字量少但学过拼音的用户可以使用拼音文献。这些都是馆藏文献不可缺少的一部分。

4. 有声读物和可读屏文献

两类文献都可以以声音的形式全面展示文献内容，适用于视障人群、弱视人群、有阅读困难人群和部分体障人群。前者是指"其中包含不低于51%的文字内容，复制和包装成盒式磁带、高密度光盘或者单纯数字文件等形式进行销售的任何录音产品"，一般是真人根据需要事先录制，内容可以是书刊、报纸、广播剧，或以专题报道呈现；后者是可利用读屏软件读出声音的文献，这类文献需要是纯文本格式的电子文献，一般是电脑合成发音，内容不需要事先录制，可用的内容比较多。

5. 带手语和字幕的视频文献

手语是用手势比量动作，根据手势的变化模拟形象或者音节以构成一定的意思或词语，它是有听力障碍或者无法言语的人互相交际和交流思想的一种手的语言。视频文献中增加手语或者字幕就可以解决听障人群阅读视频文献的困难，保障他们视频文献阅读的权利。

(二) 无障碍文献的具体采访

无障碍文献是中小学图书馆针对特殊人群提供服务的一种文献类型，图书馆需要根据这类特殊人群的数量和需求决定采购量及其在所有文献中所占的比例，也需要根据具体残障人群种类及其未来发展情况确定具体采访无障碍文献的类型。无障碍文献有时候还需要在专门设备的协助下才能使用，因此还需要做一些配套的工作，比如：无障碍使用的文献目录查询系统，书脊上应该有盲文书标，标注书名、作者、排架号，网站和书架也都需要有相应的无障碍相关文字的指引。中小学图书馆无障碍文献的采访及相关工作的开展首先需要馆内确立无障碍文献馆藏建设政策，政策的内容应该包括无障碍信息文献建设目标和原则、无障碍信息文献类别及类型、无障碍信息文献入藏比例及经费安排、馆藏文献无障碍化计划及无障碍文献管理办法等。

无障碍文献的具体采访途径主要有以下三种：

1. 无障碍文献的购买

图书馆确定无障碍文献馆藏建设政策之后，采访馆员就可以根据计划购买所需的无障碍文献。盲文文献一般需要通过书店、网点等途径获取盲文出版社编排的盲文文献目录并根据需要购买；图画文献、大字本文献、拼音文献则可以在一般出版社购买，但此类文献并不是文献出版的主流，应该通过书店、文献集成供应商、出版社等机构获取相关文献目录，按照纸质文献采购的流程采购；有声读物、带有手语和字幕的视频文献则需要联系专门的音像出版社或者音像出版部门获得相关目录，其中，有声读物和有字幕的视频文献比较好找，目前出版的视频文献大部分情况下是有字幕的，但是常规的视频一般不带手语，需要在购买之前进行确认，然后按照前文提及的多媒体采购的相关流程办理。

2. 本馆馆藏文献的无障碍化处理

无障碍文献馆藏建设除购买部分无障碍文献外，还可以通过无障碍化处理将本馆的部分馆藏转变成残障用户可以用的无障碍文献。图书馆可请精通盲文的视障人士或者盲文专家将需要的纸质文献转变成盲文文献，也可以在纸质文献空白处贴翻译打印好的盲文。图书馆也可以挑选有代表性或者有需求的纸质文献扫描并经过 OCR 识别和校对转换成读屏软件可读的文献。如果有相关的电子文献，可直接通过 OCR 识别和校对转换，也可以邀请志愿者直接朗诵录制为有声读物。对于有需求的视频文献，则可以借助字幕加载软件为视频文献加载字幕，或者请相关专家或志愿者结合视频内容录制手语演示。

3. 下载、复制、整理互联网免费无障碍文献

互联网上很多网站及其内容都经过了无障碍化处理，新闻、科普、娱乐、在线学习应有尽有。国家也提供了一些诸如中国残疾人数字图书馆、中国盲人数字图书馆之类的专为残障人群服务的数字图书馆网站，另外，互联网上还有大量有声书网站提供有声书的免费下载。互联网上的这些免费文献可以作为中小学图书馆无障碍馆藏的重要补充，图书馆可以在征求残障用户需求的基础上，下载或者直接编辑组织网上文献为残障用户可用的无障碍文献。

第四章 图书馆文献信息资源加工与管理

图书馆文献信息资源加工与管理工作是图书馆文献资源建设的重要组成部分，随着科技迅速发展和网络信息资源的不断丰富，文献的验收登记、排架、馆藏复选、文献保护、信息加工管理等工作已成为图书馆信息资源开发利用和发展的重要问题。笔者认为，只有实行文献资源整合才能规范图书馆管理工作。

第一节 验收登记

一、验收步骤

采购、捐赠的文献到馆后，首先要进行的是验收环节，主要分三个步骤：

1. 对整批新到馆文献进行检验，先核查到馆图书清单和采购清单是否一致，核对内容主要包括单价、种数、册数、总金额等方面，检查是否有少发、多发、错发及搭配现象，然后和发票核对，做到清单、发票和实物一致。

2. 对新到馆的每种书进行逐一核对，主要核对单价有无问题，是否有印刷质量问题（如：破损、缺页、重页、倒装等），还要核对书中内容是否有错误，有无不适宜学生阅读的内容。如果有问题，需要及时联系馆配商进行退换。

3. 核对后，采购人员对发票与清单进行下一步的处理。

二、文献登记

登记也称登录，凡是新到馆（含捐献）文献与剔除文献都需要进行登记。登记要完整、准确、及时，全面反映各个时期馆藏入藏与剔除情况，保证与实际馆藏一致，便于按年度或学期进行统计与清点。登记主要包括总括登记和个别登记两种形式，各中小学校图书馆的规模大小不尽相同，文献登记可以根据本馆情况进行不同的设计，但这两种基本登记制度是不可缺少的。

（一）总括登记

总括登记是对新到馆或剔除的文献批量进行的财产记录工作，反映各个时期入藏文献、注销文献和实有文献的情况，通过总括登记可以统计各类文献数量与购书经费分配情况。

入藏文献必须登记每批文献的登记顺序号、登记时间、文献来源、发票日期、发票号、入藏文献分类型或分类的金额与数量、总数量、总金额、各文种数量、起讫登记号、备注等。注销文献必须登记注销顺序号、注销时间、注销原因（如：丢失、破损、陈旧或其他等）、注销凭证编号、注销文献分类或分类的金额与数量、总数量、总金额、各文种数量、备注等。实有文献必须登记按年度或学期统计的新增数据、注销数据、各类别数量、各文种文献的实存累积数量、全馆实有文献累积总数等。大型图书馆可以基于馆藏特点，按照文献语种、文献类型建立几个"总括登记簿"。

（二）个别登记

总括登记后要进行个别登记，反映总括登记中每批新到馆文献或剔除文献的具体内容及来源，个别登记是清点馆藏的重要依据。

个别登记以各类文献的个体为单元进行，以版权页为准进行登记，单位和流通单位保持一致，如：种（书刊）、册（书与装订后的刊）、张（挂图）、套（试题）等。每个文献单元有唯一的号码，按入馆顺序进行编号，主要包括日期、个别登记号、题名、文献类型、责任者、出版者、版次、出版时间、卷页数、单价、总括登记号、备注等。报刊相对特殊，可按种进行登记，揭示日期、个别登记号、题名、文献类型、出版者、出版年、卷、期、单价、备注等。大型图书馆可以基于馆藏特点按照文献语种、文献类型建立几个"个别登记簿"。

三、图书加工

(一)盖馆藏章

经过登记后的新到馆文献要在每册(套、张等)实体馆藏上盖馆藏章。馆藏章一般由各图书馆自行设计,反映了各图书馆某一时期的设计理念。盖章位置通常在文献封面、图书书名页或书内某固定页,也可以盖在书口,馆藏章要清晰可辨。各馆一般都规定了馆藏章的盖章位置,严格在规定的位置盖馆藏章。很多学校图书馆历史悠久,从馆藏章上就可以看出各个时期的馆藏情况。

(二)贴条形码

粘贴条形码是文献加工的一道工序。条形码是每个单元文献的机器可读的唯一标志,可以购买或自行打印。常规的条形码第一行注明"××学校图书馆",第二行是条码,第三行是条码号。条码的粘贴也要形成规范,既要方便粘贴,也要方便借还文献时使用,有的图书馆规定贴在封底,用透明膜覆盖以防止脱落或磨损。

(三)贴磁条

在文献加工中还有一个环节,就是贴磁条。磁条的作用是防止文献失窃,需要门禁系统的支持。贴磁条的时候要注意隐蔽,以不容易被发现为目的。

(四)贴 RFID 标签

随着 RFID 技术在图书馆的应用,很多图书馆将 RFID 标签应用于自助借还设备,并且通过读取 RFID 标签进行图书清点、整架,因此,在图书加工中粘贴 RFID 标签也是一个重要的环节。为方便设备读取,要规范标签粘贴位置、高度,一般粘贴在封底内页中上方。贴完标签还要进行馆藏文献简单信息的转换。

(五)贴书标

新到馆文献经过分类编目后形成针对种文献的索书号,在附件加工环节需要根据文献册数打印书标,书标打印需要制定规范。书标上的索书号可以打印为一行,分类号与后面的号码之间用"/"进行分割,如果书比较薄,顺着书脊粘贴书标容易被一次读取到;索书号也可以打印为两行,分类号一行,种次号与辅助区分号一行。粘贴书标时需要按照本馆规范进行,一般情况下,书脊上的书标需要粘贴在靠底部上方 2cm 位置,保证上架后书标不但整齐、美观,并且容易浏览与整理。为防止书标脱落或磨损,通常在书标上加贴一层透明膜。

第二节 排架

一、排架概述

排架是将馆藏文献按一定的次序排列在书架上，并形成一定的检索系统的过程。一般把新入馆文献排列在书架上称为"排架"，把使用过的文献正确放回原来的排架位置称为"归架"。[①]

排架遵循的原则：1. 新到馆文献应及时上架供用户使用；2. 方便取书归架，节省时间和劳力；3. 便于用户和工作人员直接在书架上按类浏览馆藏并利用馆藏；4. 建立准确清晰的排架标志，减少误差，提高藏书利用效率；5. 有效利用书库面积，减少倒架；6. 热门文献或专题文献可以单独排架并做好引导标志。

排架的正确与否直接影响到文献的利用率，因此很多地区都将排架作为评估的一个指标，有各自具体的要求。

排架方法：依据文献的特征标志，可分为两种：一是以文献内容体系为标志的内容排架法，包括分类排架和专题排架，其中，以分类排架为主；二是以文献形式上的不同特征为标志的形式排架法，包括字顺排架、固定排架、登记号排架、年代排架等，其中，以字顺排架、固定排架、登记号排架为主。除固定排架和登记号排架外，其他方法通常需要多种标志结合使用。

选择排架法要考虑用户使用的具体要求和条件。一般来说，图书多按分类或专题排列，期刊多按分类、刊名字顺、年代相结合排列，各种资料、特种文献多按专题或文献序号排列，缩微视听资料多按分类、专题或资料盒顺序号排列。闭架基本书库、密集书库等则以固定排架为主，也可采用分类排架。

此外，还要注意馆藏文献排架时不要太满，要方便用户利用和馆员上架、下架、串架，排架时要合理利用书档，以免文献倾斜在书架上，造成物理形态上的损坏。大开本的文献需要平置在架上，注意擦放厚度，以方便利用。

[①] 王绍平，陈兆山，陈钟鸣，等. 图书情报词典[M]. 上海：汉语大词典出版社，1990.

二、分类排架法

分类排架法是中小学图书馆最常用的排架方法。分类排架法是以分类为主体的排列方法，依据分类排架号进行。

分类排架号由分类号、种次号/著者号和辅助区分号三部分组成。分类号通常指《中图法》的分类表中的分类号，由字母和阿拉伯数字组成。种次号也称同类区分号，依据同类文献分类编目的先后次序，按种取顺序号码来区分同一分类号的不同文献。除复本、不同版本需要在查重时标注外，种次号由系统自动生成。著者号通常是按照著者名称的汉语拼音（首字母大写）、四角号码、首末笔等进行排列。辅助区分号是为了区分同种文献不同版本、不同译本等采用的辅助手段。复本、多卷书的不同卷次或册次等，应取原号。不同版本、不同译本、不同卷次等应该用辅助区分号进行区分。

分类排架法有其独特的优势：1. 通过《中图法》将文献按学科体系组织起来，使馆藏中相同内容的文献能够集中在一起，或按入馆顺序排列，或按作者排列；2. 现在中小学图书馆基本上实行开架借阅，分类排架法便于用户在书架上按类浏览相关馆藏，有宣传和推荐馆藏的作用；3. 便于工作人员按类或其上位类了解相关馆藏。

分类排架法也有一些缺点：1. 利用分类排架号进行排架，需要在书架上按馆藏发展规划预留出一定的空位，以便新入馆文献的上架，并且需要定期倒架，保证预留出一定的空位；2.《中图法》会定期进行更新，当分类号被归入某类或再细分时，分类排架号需要相应地进行更新。

分类排架号也称"索书号"，决定了每一册文献在书架上的排列位置。在中小学图书馆评估指标中对排架准确率有一定的要求，利用分类排架号进行排架需要进行一定的培训。

三、其他排架法

1. 专题排架法

在图书馆排架中，专题排架法也比较常见。专题排架法是将馆藏文献按照一定的专题范围集中排列，可以排列在书架上，也可以排列在展柜里面，起到宣传的作用。比如：在世界读书日学校会举办很多专题活动，图书馆可以配合学校举办"红色经典""诗词主题诵读"等阅读推广活动，在活动期间将红色经典或诗词经典从馆藏中抽取出来，按照分类号、年代或人物的顺序排列在书架上，推荐给教师和中小学生。因其属于特定主题，在架上会一目了然，方便教师和学生选取并阅读。平时，图书也可将特色精品馆藏按照一定的顺序摆放在展柜里，供师生了解并利用。

2. 固定排架法

固定排架法适用于非常规性资源，如：图片资源、馆藏珍品等。固定排架号由馆藏地号、书架号、格层号、书位号组成，按照同馆藏地的文献入馆顺序进行分配，一般情况下排架号不会变动。固定排架法虽然不利于同类文献集中排列，但因按同馆藏地的文献入馆顺序进行编号，不需要预留空位，能够有效利用馆藏空间，也不需要倒架，清点馆藏文献相对容易。

3. 登记号排架法

登记号排架法是指按照馆藏文献个别登记号顺序进行排架，个别登记号是文献的唯一编号。登记号排架法同样不利于同类文献集中排列，但排架号比较简单，易于排架，不需要预留空位，能够有效利用馆藏空间，同样不需要倒架，很容易清点馆藏文献，方便查找、归架。

第三节　馆藏复选

图书馆每年生均新增(更新)纸质图书应当不少于一本，这使得图书馆馆藏量不断增加，经过一段时期的积累，图书馆馆藏文献中肯定有载体破损、内容过时、零次使用、复本量多等情况，因此需要对馆藏文献进行复选。在课程标准及教材有变动时，中小学图书馆馆藏也应该有相应的变化。图书馆定期开展清理审查，严禁盗版图书等非法出版物及不适合中小学生阅读的出版物进入图书馆。因此，图书馆应该在馆藏基础上建立完善的增新剔旧制度，在满足《规程》要求的年生均新增纸质图书数量的同时，保证馆藏数量与质量。

馆藏复选，是图书馆根据一定的原则和标准，对馆藏文献进行筛选、调整和剔除的过程。通过对已入藏文献的选择，了解馆藏的利用情况和物理状况，从而确定馆藏文献的馆内调配、剔除或复本增减策略，不断完善馆藏的管理、存取和利用。复选是文献资源建设过程的继续，并为馆藏补充提供依据，是文献资源发展的重要内容之一。

一、复选目的与指导原则

（一）复选目的

1. 缓和有限的存储空间和不断增长的馆藏之间的矛盾，增强馆藏存贮空间的实用性，节省文献存储空间，降低馆藏成本。

2. 优化馆藏。通过对已入藏文献的选择，了解馆藏的利用情况和物理状况，从而确定馆藏文献的馆内调配、剔除或复本增加策略，实现馆藏的合理配置，提高馆藏的质量和活力。

3. 活化馆藏，提高馆藏的利用效率和服务效率。

4. 对图书馆业务工作系统进行调节控制，使馆藏布局和馆藏结构更趋合理、系统与完善。

5. 调剂余缺，有利于文献资源的整体布局。

（二）复选指导原则

1. 应在了解学校教学科研计划和馆藏发展规划、调查用户需求、评估现有馆藏、广泛征求用户和图书馆工作人员意见和建议的基础上，开展馆藏复选工作。

2. 应综合考虑图书馆的目标和规划、存储空间状况、馆藏布局、馆藏特点和使用状况、用户特点、馆藏资源特性等因素，制订馆藏复选方案。馆藏复选方案应定期修订。

3. 应结合文献采选的原则和标准来制定馆藏复选的原则和标准，并将馆藏复选的信息及时反馈给采编、典藏等业务环节，保持馆藏发展政策的一致性和连贯性。

4. 应加强对馆藏复选标准和复选方法的研究，使馆藏复选工作更具客观性、科学性和合理性，更具效率和效果。

5. 应建立明确的馆藏复选组织机构，加强馆藏复选馆员的培养，吸收教学科研人员和有经验的图书馆工作人员参与馆藏复选工作，充分听取学科专家的意见。

6. 应经常性、持续性地开展馆藏复选工作，根据馆藏实际情况，有计划、有步骤地进行馆藏复选。

7. 应对被剔除文献进行妥善处理。制订统一的文献剔除方案，根据被剔除文献的状态和特点区别对待，决定是否移入储备书库、提供给外部机构、出售或作废品处理。处理这些文献时要考虑到可能的法律限制。

8. 对于馆际协作计划确定的由本馆分工收集的文献、本馆特藏文献和善本书，原则上不予剔除。对于珍贵性的、有长期保存价值的、有潜在使用前景的重点学科文献原则上应保留品种。

二、复选标准

图书馆开展馆藏复选工作时，视不同类型文献和具体目的，参考以下内容来制定文献复选的具体执行标准和范围。

(一) 一般标准

1. 内容标准

以文献内容为复选标准。主要包括：内容陈旧过时，已为新的出版物所取代；内容重复，已有新的修订本或新的版本；内容已不符合本馆方针任务和不适应本馆需要；内容不适于公开流通等。

2. 物理标准

以文献的外观、印刷质量或介质为复选标准。对于印刷型文献，主要包括：外观陈旧影响使用；纸张、印刷、装订很差；污损、残缺、变质影响阅读；多次修复无法再使用；等等。对于视听文献、缩微文献和电子文献，主要包括：制作质量差，阅读设备已无法正常读取；已老化、变质或变形；记录内容已部分或全部被抹去或破坏；等等。

3. 使用频率标准

以一定时期内的流通、阅览、检索或下载次数为复选标准。确定在一定时期内流通、阅览、检索或下载次数少于规定次数的文献作为复选对象。

4. 复本量标准

以文献复本量多寡是否符合用户需求为复选标准，包括两种情况：多余复本(含重印本，以及只是出版地、日期或印次不同的复本)和复本不足。

5. 滞架时限标准

以文献在两次流通之间(包括最后一次流通至今)滞留在书架上未被使用的时间长度为标准。滞架时限是确定流通书库中文献馆内调配和去留的最佳标准。

6. 书龄标准

以文献的出版日期、版权日期、印刷日期、采购日期或进入流通日期至复选时所经历的年限作为复选标准。书龄标准是确定馆藏复选的年代范围的主要依据。

7. 替代标准

以不同类型文献之间的相互替代性作为复选标准。主要考虑电子文献对印刷型文献的替代性，如果替代性高，则可剔除相应的印刷型文献的品种或复本。

8. 语种标准

以馆藏文献的语种为复选标准。主要包括：文献语种与本馆用户掌握的语种状况不一致；无人问津的语种；译自中文文献的不常用语种版本。

9. 保障标准

以文献的保障要求作为复选标准。对于馆际协作计划确定的由本馆保障的文献或馆藏体系明确要求保障的文献，不进行复选或仅剔除多余复本；其余文献均属于复选的范围。

（二）各类型文献复选标准

馆藏复选各类型文献应该包括：1. 图书馆收藏的各种印刷型文献，包括图书、连续出版物、特种文献资料等。其中，图书和期刊是馆藏复选的主要对象。2. 图书馆拥有的电子文献，如：磁盘、光盘、各类数据库等。3. 图书馆收藏的各种视听文献和缩微文献，包括录音带、录像带、CD、VCD、DVD、缩微胶卷、缩微平片、缩微卡片等。4. 图书馆收藏的其他文献，如：模型等立体文献、手稿等。

以下主要说明图书、期刊、视听文献、缩微文献和电子文献以及特种文献资料的复选标准。

1. 图书

图书，特别是中文图书，是馆藏复选的主要对象。图书复选的主要目的在于清理多余品种或复本、调整呆滞图书或补充复本不足。剔除图书，主要是剔除图书多余复本，图书馆收藏范围内的所有品种图书原则上至少保留一个样本。因图书复选工作复杂、工作量巨大，在制定图书复选标准时，要在深入分析馆藏实际和使用状况基础上，综合使用多项一般标准并合理确定其内涵，以提高复选的效率和效果。图书复选标准主要包括：

（1）根据书库空间和馆藏实际，综合运用书龄、滞架时限、使用频率三项主要指标，合理确定指标取值，对藏书进行馆内调整和重新布局。

（2）拒借率或预约率较高的常用书，反馈给采访部门及时补充图书复本或电子图书。

（3）长期压架的多余复本应予以剔除，重点剔除配置过多的复本。

（4）内容陈旧过时的图书，重复收入丛书的早期书，低质量的赠阅本，保留品种后可予以剔除。

（5）内容有错误，不宜公开流通的图书应予以剔除或另外保存。

（6）残缺破损，不堪使用的复本图书应予以剔除。

（7）实用性差、利用率很低的图书应予以剔除。重点剔除滞架时限长、使用频率低的图书，采购失误的图书，主题内容、文种、水平深度不符合本馆任务和用户实际需要的图书，已有电子图书替代的利用率很低的图书，等等。

2. 期刊

（1）不符合用户阅读需求的、内容陈旧过时的或内容有错误不宜公开流通的期刊可予以剔除。重点剔除时效性强的信息报道类期刊，图书馆收藏范围外的交换、捐赠期刊等。内容不适于公开流通的期刊，宜另外收藏管理。

（2）连续性差、缺期严重的期刊，保存价值不高的，可予以剔除。重点剔除保存价值低、缺期严重的交换、捐赠期刊。珍贵的历史文献即使缺期也不能剔除。

（3）对于利用率低、保存价值不高的期刊，现刊视馆藏布局情况剔除多余复本；过刊一般只保留品种。实行总分馆制的图书馆，根据各分馆的期刊需求情况，进行复本调剂使用。

（4）已有相应电子版替代且使用频率不高的印刷型期刊，可剔除品种或多余复本。

3. 视听文献、缩微文献和电子文献

（1）内容不符合本馆收藏范围和用户实际需要的或陈旧过时的，可予以剔除。

（2）因产品变质损坏、更新换代或制作质量差，导致阅读设备无法正常读取的可予以剔除。

（3）记录内容已部分或全部被抹去或破坏的可予以剔除。

（4）本馆服务器的磁盘空间不足以容纳数据库的本地镜像时，可适当考虑剔除一些次要的数据库或更换为远程访问数据库。

（5）与其他数据库重复率较高的数据库，应考虑剔除；使用频次较少、投入经费相对较大的数据库，应考虑剔除，同时用文献传递等其他有效办法满足相关用户需求。

4. 特种文献资料

图书馆收藏的特种文献资料主要包括科技报告、政府出版物、会议文献、学位论文、专利文献、技术标准和产品资料等。这类资料一般具有较强的知识性和专业性，其复选标准主要是：

（1）收藏连续的保留，残缺不全者剔除。各卷期不连续、缺期严重的，如果内容不是很重要，可剔除。

（2）根据特种文献时效的长短，剔除时效性较短的特种文献的多余复本。对于某些时效性特别短的资料，如：会议文献的附带资料——会议安排、临时通知等，可剔除品种。

（3）对于内容失效，且有电子版可替代的特种文献，可剔除品种。

此外，特种文献复选时仍须应用内容标准、物理标准等一般标准。

三、复选方法

馆藏复选的关键在于找出馆藏中用户多用、少用、不用或无用的文献进行补充、调整和剔除。对馆藏文献进行审查、鉴别和复选，必须依据馆藏复选标准，综合运用各种馆藏复选方法。

1. 经验判断法

经验判断法是根据文献外观、文献价值、用户文献利用取向、复本需求、各种文献日常借阅频率等的感性认识和平时文献管理的经验，决定馆藏文献取舍的方法。经验判断法相对简单，但不够精确，不同图书馆工作人员或专家的主观评判意见可能存在较大的差异。结合图书馆自动化系统的客观统计数据和制定严格的书面复选标准，才能弥补经验判断法的不足。

2. 滞架时限法

滞架时限法是根据文献在两次流通之间滞留在书架上未被使用的时间长度，即滞架时限来确定藏书去留的方法。滞架时限法是确定"呆滞书刊"的有效方法，其前提是必须有完整的文献借阅记录供参考、计算和分析。

3. 书龄法

书龄法是根据书龄长短确定馆藏文献取舍的方法。文献半衰期理论揭示出，文献的使用价值随着时间的推移而逐渐减少；馆藏文献剔除同文献老化的速度一致，才能保证馆藏文献具有活力。通过对不同书龄馆藏结构和使用状况的分析，确定需要重点复选的馆藏年代范围，对馆藏图书在多级藏书体系中进行调整。

4. 半衰期测定法

不同学科文献的"半衰期"，是指某学科被利用的文献总量中，一半文献失去利用效率所经历的时间。文献的利用衰变与文献增长有密切关系，不同学科的文献有不同的半衰期。应用此方法，剔除前应先确定各学科文献不同的有效时间，然后根据文献半衰期规律确定各类藏书的取舍。

5. 目录比较法

目录比较法是通过将馆藏目录与相关的书目资料（如：推荐书目、权威书目等）进行比较，对馆藏进行复选的方法。如：通过比较馆藏期刊目录与影响较大的核心期刊目录，对期刊品种或复份进行复选。

6. 用户评议法

用户评议法主要通过访问、交谈或表格调查等用户调查方式，了解用户对图书馆文献资源建设的评价与建议，例如，哪类书不符合用户需求或已过时？哪类书复本过多或过少？哪类书需要加强补充？然后根据用户的建议确定文献复选的范围和标准。

7. 内容层次判断法

内容层次判断法是将所有文献按其内容的深浅分为几个层次，并将各种文献归入相应层次，低于所需层次的文献列为剔除对象。

8. 数学计算方法

数学计算方法是用数量表示某些变量，并运用专门的公式或方法进行计算，根据计算结果做出复选决定的方法。载文量、引文量、书龄、复本量、滞架时限和使用频率等是采用数学计算方法进行复选的重要参数。

9. 外形判断方法

外形判断方法是以文献的外形为剔除标准。文献的外形是影响其使用价值的重要因素。有的文献经过多次修补，已无法再使用；有的纸张、印刷、装订质量很差，严重影响阅读；有的污损、缺页严重，已不具备内容的完整性。这些文献均属于剔除的范围。

四、复选工作的组织和程序

图书馆需要开展充分的调研工作，拟订馆藏复选草案，研究和合理运用馆藏复选方法，依据馆藏复选方案中确定的原则和标准对馆藏进行复选。

1. 调查研究，制订规划

(1)对馆藏文献的概况、用户的反馈、馆藏文献利用情况和市场出版动态进行调查、分析和归纳总结，形成调研报告。

(2)在调查分析的基础上，制订馆藏复选整体规划(近期、中期、长期)及实施方案(复选原则、标准、范围、方法、步骤)，确定各时期的复选方向和复选重点。

2. 确定复选周期、审核与操作方法

(1)根据各学科馆藏文献的馆藏数量、文献半衰期、文献滞架时限、馆舍容量等实际因素，确定各学科文献的复选周期。一般情况下，图书馆每年应组织一次有一定规模或有侧重点的文献复选。

(2)文献经由馆员复选后，必要时请相关教师代表对复选文献进行审核，形成"下架书目"后写出下架调整和剔旧报告，包括剔旧原因、剔旧文献所属学科、剔旧种/册数、剔旧文献的处理意见等，并根据"下架目录"进行下架；同时进行注销工作，填写每批注销图书的总括登记表与个别登记表。

(3)复选文献的处理方案：①储存。对利用率低但仍有一定价值的剔旧图书可在二线书库或储存书库中存放。②交换。对不适合本馆的剔旧图书可制成剔书目录与其他图书馆进行交换。③捐赠。对不适合本馆的剔旧图书可捐赠给其他图书馆(室)。④削价处理。对旧版图书或工具书，可能对用户有用，可采取削价处理的方式，使之发挥最大效用。⑤报废。对内容不可取、外观破损严重的无用文献做报废处理。⑥处理这些资源时，要考虑到可能的法律限制。

第四节　文献保护

一、文献保护概述

文献载体材料要永久地保持其原有的理化性质的功能是不可能的，即文献载体的变质是绝对的。因此，任何文献收藏单位都要面临保护文献，以利于长期使用的问题。[①] 做好馆藏文献保护工作是传承馆藏的需要，也是对学校教学科研活动的支持。文献保护计划的制订十分必要，要在国家和地区性文献保护计划内规定范围下，结合图书馆馆藏发展政策制订本馆文献保护计划与细则，决定哪些文献必须重点保护以及用什么方式加以保护。

为有效保护文献，必须在实际工作中遵循文献保护原则：以防为主，防治结合；确定重点，区别对待；各馆独有的特色文献以及珍稀馆藏要纳入重点保护范围，可以采取复制

---

① 刘家真. 文献保护学［M］. 武汉：武汉大学出版社，1990.

提供给用户使用的办法减少使用带来的损耗。

文献保护的主要内容：1. 建立健全并执行文献保护的规章制度，增强图书馆员文献保护的意识；2. 对仍具有使用价值的破损、撕页、脱线的馆藏文献及时修复；3. 创造各种适宜文献保存的符合相关国家标准和行业标准的设施设备条件，保证文献资料库适当的温度、湿度、光照、通风和清洁；4. 采取文献保护技术，做好文献的防火、防潮、防光、防虫、防尘、防磁、防人为破坏等工作。中小学图书馆需要根据自身的性质、规模、重要性及书库类型确定文献保护工作的主要内容。以下重点介绍文献保护工作中的防火、防潮、防光、防尘、防虫和防鼠。

二、文献防护的几个方面

1. 防火

为保障图书馆馆舍、馆藏文献、用户及工作人员的安全，必须重视防火工作，防火工作原则是"预防为主，防消结合"。图书馆根据级别、建筑高度、馆藏量可以对应的类级，对不同类级图书馆的建筑基地、总平面和平面布置，防火分区和建筑构造，安全疏散和消防电梯，消防给水和固定灭火装置，防烟、排烟和通风、空气调节，电气，室内装饰都做了具体的详细的规定。

馆藏各类型文献都属于易燃材料，一旦失火损失巨大，因此图书馆需要安排专人进行定期巡查，排查火灾隐患，利用监控等方式进一步加强防火安全。图书馆还应该定期进行防火安全知识宣传，并且在馆内醒目位置张贴警示标志，同时，在每个楼层张贴详细的应急疏散地图，定期组织师生进行疏散演习。

图书馆内需要明确禁止吸烟，配置消防设施，如：灭火器、消防栓、应急洒水管道等，并定期进行检查。在火灾刚发生时，若能及时发现并迅速组织灭火，可以减少图书馆损失。

2. 防潮

空气中相对湿度的高低对图书的影响很大。书库内相对湿度过高，书刊资料很容易吸水受潮、变形，甚至出现霉烂现象。为此，书库要保护良好的通风环境，书库周围要排水通畅，书库内应避免给排水管道通过。

书库的室外场地应排水通畅，防止积水倒灌；室内应防止地面、墙身返潮，不得出现结露现象；屋面雨水宜采用有组织外排法，不得在屋面上直接放置水箱等蓄水设施。对书库来讲，围护结构内表面不允许出现结露现象。在室内外温差较大的地区，书库围护结构须采取有效的保温和隔潮措施。

书库底层地面基层应采用架空地面或其他防潮措施。书库底层地面采用填实铺设防潮层的具体做法很多，可根据地下水位的高低来考虑。采用架空地面防潮效果更为可靠，这是由于基层和库房地面之间隔开一定的空间，使潮气和地下水不能直接通过地面层渗入库内，从而取得较好的防潮效果。当书库设于地下室时，不应跨越变形缝，且防水等级应为一级。

书库的温湿度以低些为宜，但要适度，否则有使纸张水分冻结而易受损的可能，同时要考虑工作人员和用户身体舒适等因素。因此，温度和相对湿度须控制在一定的范围之内。

收藏珍善本图书及重要的音像资料、电子文献等资料的特藏书库，其保存环境的温度、湿度及其变化，对文献资料的寿命有很大的影响。因此，特藏书库的温度、湿度须控制在一定的范围之内。

基本书库的温度不宜低于 5℃ 且不宜高于 30℃；相对湿度不宜小于 30% 且不宜大于 65%。

特藏书库储存环境的温度、湿度相对稳定，24h 内温度变化不应大于 ±2℃，相对湿度变化不应大于 ±5%；与特藏书库毗邻的特藏阅览室，温度差不宜超过 ±2℃，相对湿度差不宜超过 ±10%。

3. 防光

纸质文献经过一定时间，在光和空气的影响下常常会发生物理和化学变化，出现老化现象，导致纸张失去强度而发黄、变脆。因此，天然采光的书库及阅览室应采取遮光措施，防止阳光直射。书库及阅览室均应采取消除或减轻紫外线对文献资料危害的措施。珍善本书库及其阅览室的人工照明应采取防止紫外线的措施。利用透光材料的扩散和折射性能，不仅可减弱阳光对纸质文献的直接危害，而且可消除室内的眩光。另外，利用遮阳构件、遮阳百叶、遮阳格片或窗帘进行调光、遮光，使用方便，操作也较灵活。

4. 防尘

书库中的纸质文献积尘后很难清除，并且尘土对纸张有污染、渗透和磨损的作用，灰尘受潮凝聚又会给霉菌和害虫提供生长的条件，对纸质文献的寿命有直接的影响。因此，图书馆的环境绿化宜选择有净化空气能力的树种，绿色植物特别是树木，对烟灰、粉尘有明显的阻挡、过滤和吸附作用。书库地面应坚实耐磨，墙面和顶棚应表面平整、不易积灰。书库的外门窗应有防尘的密闭措施。特藏书库应设固定窗，必要时可设少量开启窗扇。锅炉房、除尘室、洗印暗室等用房应设置在对图书馆污染影响较少的部位，并应设置通风设施。书库防尘包括避免库内地面起尘和防止库外灰尘的进入，因此书库地面及墙面须选用光滑、平整、不易起尘的饰面材料。书库门窗须有良好的密闭性能，特藏书库对环境中的灰尘和有害气体的含量限制要求较高。

5. 防虫和防鼠

虫蛀、鼠害对纸质文献也是一个很大的危害。害虫容易在潮湿、污染的环境中扎根生存，因此要保持书库的清洁。图书馆在选择绿化植物时，应选择不滋生、引诱害虫的植物。书库外窗的开启扇应采取防蚊蝇的措施。食堂、快餐室、食品小卖部等应远离书库布置。白蚁危害地区，应对木质构件及木制品等采取白蚁防治措施。鼠患地区宜采用金属门，门下沿与楼地面之间的缝隙不应大于5mm，墙身通风口应用金属网封罩。

三、装订与修复

1. 装订

装订是把印刷品由印张加工成册的工艺过程，目前常用的装订方式有平装、精装两大类。书刊的装订一般在印刷厂或装订厂完成。图书馆为了保护与利用馆藏文献，常把使用频繁的平装、活页装、无线订的书刊加固改装，定期把需要留存的期刊、报纸等连续出版物装订成合订本，定期把利用过程中松散脱页的文献或者因数字化加工而进行的拆解的文献进行再装订。

一般情况下，图书馆会将需要装订的文献送到专业的装订厂进行装订，并提出明确的装订需求。但如果量较少也可以由馆员自己进行，首先需要按照平装或精装的需求去选择封面材料，装订方式可以采用锁线装订，也可以使用胶粘装订。装订线有丝线、蜡线、棉线和尼龙线等，丝线主要用于手工装订的文献，珍本与善本书以清水丝线装订。[①] 要根据封面材料选择合适的胶黏剂，需要选择稳定性好、毒性较低、无腐蚀性的胶黏剂，用量上需要避免玷污纸张和字迹，装订后胶黏剂应该容易干燥又不失黏性，并且不吸引虫子，受潮后不容易发霉，尽可能保证原文献的物理形态。

2. 修复

修复是使破损藏书恢复或接近原状的修补工作，修复工作不仅要恢复藏书失去的性

---

① 刘家真. 文献保护学［M］. 武汉：武汉大学出版社，1990.

能，而且要尽量恢复其原来面貌。修复的目的是向用户提供与原件尽可能一致的，可看、可接触、可用的文献，经修复后的纸质文献应该达到或超过原件的耐久性。但是，修复一份纸质文献花费的精力与财力有时比购买一份新的复本或制作一份复制品的费用还要高，因此，在文献出现损坏时往往要先评估是否要进行修复，对于收藏价值不高的文献应优先采取购买相应的复本或其他版本的方式。如果是无法购买的独特的馆藏文献，应该尽早在不破坏文献基础上进行数字化。经评估后确认要进行修复的文献，在修复时要尽可能保持文献原来的特征，要选择对文献载体没有破坏作用的修复材料，并且尽可能采用与原文献类似的材料。

修复的方法可分为现代方法和传统方法两种。前者主要利用机械加膜、丝网加固等方法来增加被损坏纸张的强度；后者以糨糊为黏合剂，运用修补和托裱技术，将选定的纸张"补"或"托裱"在书页上。水灾会给图书馆馆藏文献带来巨大损失，水灾后馆藏文献及时抢救也非常重要，文献过水后如抢救不及时，有可能发生霉烂，因此必须立即抢救。首先要使室内空气流通，在条件允许的情况下可以采取逐册隔离冷冻的方式保存过水文献，再采取冷冻干燥法进行文献脱水干燥工作。如果没有条件进行冷冻与冷冻干燥法，可以采取传统的干燥法方式，每隔一定页数夹一张吸水纸，中间需要不断更换吸水纸，在快干燥时稍微压一下使其平整。

四、相关规章制度

出于馆藏文献保护的目的，中小学图书馆应该建立健全并执行文献保护的规章制度，同时及时对用户进行全面的宣传，对于偷窃、损坏或遗失馆藏文献的行为要有相应的惩罚制度。国家图书馆在读者指南栏目中的借阅须知中制定了明确的详细的"违规处理办法"，中小学图书馆可以将其作为制定相关规章制度的参考依据。

1. 偷窃馆藏文献

未办理借阅手续，将馆藏文献藏于身上、书包或其他物品内，一经发现，按偷窃文献论处。除追回被窃文献外，偷窃文献者按文献原价的 2～5 倍交纳违约金。

2. 损坏馆藏文献

对批划、涂改、污损普通书刊资料者，根据情节轻重赔偿 5～20 元，对图书污损严重影响使用者，按遗失文献的赔偿办法赔偿。对批划、涂改、污损特藏文献者，按以下标准赔偿：保存本、民国时期出版的文献、珍贵文献按批划、涂改、污损普通文献赔偿标准两倍赔偿；批划、涂改、污损普通古籍、善本文献者，按《中华人民共和国文物保护法》的相关条款处理。割页、撕扯等严重损坏馆藏文献者，按遗失文献的赔偿办法赔偿。

3. 遗失馆藏文献

遗失本馆图书者应立即声明并积极寻找。以完全相同的同版图书（或经同意后用新版图书）抵赔，并另加 10 元加工费。

限期 1 个月购买赔偿的书刊资料，在此期间不能外借图书。如在规定时间内无法赔偿完全相同的同版图书（或经同意后的新版图书），则按在不同文献出版年与价格基础上形成的赔偿标准进行赔偿，并另付文献加工费每册 10 元。

成套多卷本，遗失其中 1 册或数册，按全套价格予以赔偿，赔偿后不得索取其他卷册。每册有单价，且复本较多，按单册价格的相应倍数赔偿。

民国时期出版的文献、具有特殊价值的文献，按目前国家文物市场估价赔偿。

未标明价格的书刊资料，参考同类书刊资料的价格赔偿。

支付赔偿金后，用户找回原文献，可凭原赔偿金收据索回所赔款额，但须交纳从支付赔偿金日至归还文献日的逾期使用费。

4. 其他

对非外借图书被带出馆也做了规定：未经允许擅自将基藏书库等限定在馆内阅览、须当日归还的图书携带出馆者，每日每册交纳违约金 5 元。

外借图书逾期归还者须交纳逾期使用费：中文书刊每册每日 0.3 元，外文书刊每日每册 0.5 元。

在上述有关规定基础上，对于以上违规行为中，拒不交纳违约金、赔偿金者，图书馆有权视情节轻重予以提醒、警告、置停用户卡（三个月、半年或两年）、吊销用户卡（押金折抵赔偿费用）等。

此外，图书馆需要明确向用户告知保护馆藏文献资源的重要性，在入馆须知中除声明服务对象、证卡要求、保护馆内安静、节约能源、遵守馆内规章制度、服从工作人员管理以外，还应该包括以下内容：

（1）严禁在馆内吸烟、用火；

（2）禁止在馆内违规使用电器；

（3）保持整洁卫生，请勿将食品及有色饮料带入馆内；

（4）爱护书刊及馆内设施设备，禁止涂抹、撕毁、私藏书刊，损坏设备。

第五章　图书馆数字资源建设

图书馆数字资源建设是现阶段数字图书馆的重要组成部分，所谓数字资源，是将图书馆内的一些信息资源以数字化的形式进行存储和生产。相比传统的图书信息载体，数字资源检索速度更快，在存储数量、种类等方面也具有更多的优势。

第一节　数字资源概述

一、数字资源的概念

在图书馆相关理论研究与资源建设实践中，经常会出现电子资源、数字化资源、数字资源等众多概念，这些概念伴随着图书馆实践，具有一定的历史特征。本书采用的是"数字资源"概念，主要依据下面相关的标准、法规。

在 2011 年之前，与数字资源有关系的是"电子图书""计算机文件""其他数字文献""数据库""网络资源"这几个指标，这里的"其他数字文献"是除去电子图书与计算机文件以外的，基本上是本书所指的数字资源的下位类。电子资源的定义是由具有特定题目的单独条目组成、以一个或几个单元出版的电子格式文献，包括电子图书、电子期刊等。

"数字资源"是以数字格式存在的各种媒介信息，也定义了数字馆藏："图书馆藏中所有的数字资源，包括图书馆本地拥有的和获得一定期限使用权的数据库和数字文献"。

2015 年并对"数字资源"进行了定义："以数字形式存储的带有特定内容的信息单元，是图书馆馆藏的一部分。"

由此，本书中使用"数字资源"这一概念。而图书馆的"数字资源"在前面的定义基础上又有另外一层含义，主要指经过一定程度加工整序过的，不包括网上无序的和自身没有控制的数字信息资源①。而数字化资源主要由于数字图书馆建设中馆藏数字化而产生的概念，图书馆界提到数字化资源通常特指基于纸质馆藏进行数字化加工而形成的数字资源。

二、数字资源与传统文献资源建设的区别

数字资源因其内容丰富、形式多样，并且可以随时随地获取，同时便于传播与共享，人们已经习惯于使用图书馆的数字资源，因此中小学校加大了对数字资源的投入力度。但数字资源和传统文献资源相比，在采购方式、管理方式与资源拥有方式上有很大的不同，给图书馆馆藏建设工作带来了一定的影响。

1. 资源采购方式

总的来说，资源采购一般流程为：从采选信息源中选择资源→与馆藏进行比对→形成订单→向供应商发出订单→到货验收→登账→付款报账②。

但在采购的具体方式上，传统文献资源与数字资源有很大的不同，传统文献资源采购方式一般有采访人员到现场采选文献，依照出版发行机构提供的征订目录进行选购，在网上订购所需文献，接受个人或团体捐赠的文献，由政府部门按照建设标准统一配备推荐书目，还有近年来成为传统文献采购主体的招标采购。

而数字资源采购方式通常有：将本馆需要政府采购的资源报送上级政府采购主管部门，并根据主管部门要求进行统一采购；一定区域范围内若干图书馆自愿组成集团进行联合采购；图书馆单独与数据库供应商沟通与谈判进行单独购买；以用户需求为导向进行用户驱动采购（PDA）模式采购；收集整理开放获取资源；自建本馆馆藏中有特色的数字资源。

2. 资源管理方式

传统文献资源的管理是围绕载体进行的。购买的纸质资源到馆后需要进行验收、登记、盖馆藏章、贴条码、贴 RFID 标签、做订单、编目等。其中，在编目过程中，无论图

---

①　马文峰. 数字资源整合研究［J］. 中国图书馆学报，2002（04）：64－67.

②　中国教育装备行业协会学校图书装备分会. 中小学图书馆工作指南［M］. 北京：高等教育出版社，2013.

书还是期刊都是按种类进行的，在图书编目过程中还需要甄别是否是复本、不同版本、不同译本等，按照著录标准以及本馆的著录细则对文献进行编目并添加馆藏信息后，进行贴书标工作，再调拨到阅览室上架后进行对外服务。对外服务期间，工作人员要定期进行排架清点，将排架错误的文献进行归位。如果发现有破损的纸质资源需要进行修复，对过刊定期进行装订等。图书馆还要定期就破损严重、过期以及内容有问题的纸质资源进行馆藏复选与剔除工作。

而数字资源通常是以数据库形式签订许可协议，一旦签订许可协议就可以正式使用。可以链接的方式放在图书馆主页上，也可以对引进的数字资源进行编目。编目过程中以购买的资源类型为主进行编目，如果是数据库，则进行以数据库为单位的编目工作，揭示其名称、类型、学科、语种、引进日期、简介、使用范围、联系电话等信息，发布到图书馆资源检索系统中供用户使用。由于目前基本上采用数据库的形式进行销售，包含电子图书与电子期刊的数据库之间的内容会有一定的重复，在这种情况下，图书馆如果有统一检索的系统，最好将数据库中包含的电子图书和电子期刊与图书馆馆藏中的纸质图书确保期刊进行整合，确保在图书馆资源检索系统中相同的图书或期刊只有一条记录，在记录中揭示馆藏收录情况、全文链接等。目前，一些大型的资源检索系统的系统商会与数据库商进行合作，将数据库商的元数据收割到检索系统中，图书馆引进数据库并对数据库进行编目后，可以激活数字资源，检索系统根据一系列的规则进行去重，利于用户检索使用。

3. 资源拥有方式

纸质资源一旦购买就被图书馆永久拥有，除使用过程中有可能会被剔除出馆藏外，一直会是图书馆的永久馆藏。纸质资源中利用率较高的以及馆藏中的特色资源进行数字化，转换为数字资源，也会被图书馆一直拥有。

图书馆拥有数字资源的方式一般有三种：1. 数据库资源部署在本馆或本校服务器的方式，供本校用户永久使用，电子图书全文数据库、工具书数据库通常会采用这种方式。2. 购买数字资源使用权的方式，在签订许可协议时一般会有本地永久保存的条款，但限于图书馆自身的存储条件，一般无法做到永久保存购买的数字资源全文。目前，购买使用权的多数是需要定期更新的或者需要大量存储空间的数字资源，如：电子期刊全文数据库、多媒体数据库、事实型数据库等。3. 免费拥有一些网络资源，比如：一些开放使用的电子期刊、电子图书、媒体资源、学会网站信息等，也包括可以进行馆际互借或文献传递的合作图书馆的馆藏书目数据库。这些资源需要图书馆工作人员进行收集整理并发布到图书馆网站或资源检索系统中供用户使用，但不能计入馆藏。

三、数字资源分类与常见引进类型

(一)数字资源分类

同传统文献相比，数字资源类型更为丰富多样，可以从不同角度分类，一般来说可以按学科角度、语种角度、资源类型、揭示层次、访问方式、是否付费等进行划分。

图书馆资源建设要围绕学校教学科研需求，按照学校学科设置配备学科教学资源，同时，图书馆需要按照国家教育部颁布的各学科课程标准相应调整馆藏。

从资源类型上，数字资源可以分为图书、学位论文、会议论文、文摘索引、标准、报纸、多媒体资源、百科/参考工具、数值、古籍文献、法律/法规、馆藏目录、开放获取资源等。

从揭示层次上，数字资源可以分为全文数据库、文摘/索引数据库、数值/事实数据库、多媒体数据库、工具型数据库、复合型数据库，其中的全文数据库与文献/索引数据库还可以按资源类型继续划分。

从语种角度，数字资源可以分为中文资源、外文资源。有的学校如果只开设英语课程，则可分为中文资源、英文资源。

从访问方式角度，数字资源可以按数据传播的范围分为校园网访问和广域网访问等方式，校园网访问是指通过 IP 认证进行的数字资源访问方式，广域网访问是指用户可以在任何一个有 Internet 的地方通过身份认证方式进行或者不须认证就可以进行的数字资源访问。

从资源提供者角度，数字资源又可分为商业化数字资源和非商业化数字资源。商业化数字资源是指图书馆通过付费购买的方式引进的数字资源，非商业化数字资源是指图书馆自建的数字资源、开放获取的数字资源以及免费的网络资源。

(二)数字资源常见引进类型

1. 全文数据库

包含文本型一次文献的完整或基本部分的数据库。包括：图书全文数据库，期刊全文数据库，报纸全文数据库，学位论文全文数据库，会议论文全文数据库，报告全文数据库，专利全文数据库，标准全文数据库，档案全文数据库，其他全文数据库。

2. 数值/事实数据库

包含描述性、事实性信息或者数值数据的数据库，能够直接提供可用的事实和数据，如：工具书、表谱、图录、科学数据、统计资料等。包括：工具书数据库，年鉴数据库，图片数据库，学科/专题导航数据库，其他数值/事实数据库。

3. 多媒体数据库

包含由文本、图片、声频、视频等组合而成的文献、提供交互利用的数据库。以移动图像或声音为主要特征、包含少量全文和其他内容的数据库，属于多媒体数据库。包括：音频数据库，视频数据库，其他多媒体数据库。

4. 工具型数据库

不仅提供数字资源内容，而且提供交互式和个性化的技术支持，供检索、存储、分析或管理用户个体相关研究信息的数据库。包括：分析工具数据库，管理工具数据库，其他工具型数据库。

5. 复合型数据库

以文本、图片为主，包含多种类型内容单元且各种内容单元权重均等或无法明确分割的数据库。

四、数字资源采选依据

1. 需求导向

数字资源所包含的信息量要远远大于纸质书刊包含的信息量，但价格也高很多，图书馆不可能购买所有的数字资源，因此在数字资源采选时需要重点考虑用户需求和数字资源的利用率。在购买数字资源之前，需要在学校范围内进行试用，并根据用户反馈和实际使用情况对数字资源进行预评估，基于预评估结果进行数字资源是否购买的决策。在购买数字资源之后，同样要根据用户调查和数字资源使用情况进行使用评估，决定是否继续购买。评估内容主要包括：数字资源的学术水平和质量、学科覆盖面、收录年限范围是否符合本校教育教学、教育科研的需要，数据是否完整、准确，是否及时更新，数字资源的导航和检索功能对于中小学生是否易于掌握，数字资源的界面设计是否符合相应年龄段学生的心理特点，在校园网内和校园网外使用数字资源的方式是否灵活，等等。

2. 互补共建

数字资源与纸质资源的采选应统筹规划。有的数字资源在和馆藏纸质资源核对时会发现没有纸质馆藏，这时数字资源与纸质资源正好互补。但有的数字资源在购买时会附赠纸质版，并且数字资源的部分内容会与馆藏纸质资源有一定的重复。数字资源通常以数据库的形式包库销售，同类型数据库之间的内容也会有一定的重复，因此，应根据馆藏发展政策进行数字资源建设，尽量避免重复投入、重复建设。

3. 正规合法

数字资源的版权、使用权限也是数字资源采选时要考虑的问题，目前，购买数字资源的使用权已经成为图书馆数字资源采选的主要方式，可以通过签订数字资源许可使用协议进行明确的限定。正规合法性体现在数字资源许可协议的访问方式、授权用户单位、许可证修订、协商解决、永久访问权等方面，在保护数字资源提供商利益的同时规定馆际互借与文献传递条款，最大限度地实现图书馆的资源共享。

4. 动态更新

数字资源不仅信息量大，品种齐全，内容丰富，数量增长迅速与更新速度快也是其主要特点，图书馆可以通过数字资源满足用户随时获取最新信息资源的需求。因此，在购买数字资源时，动态更新也是需要重点考虑的因素，可以将具体要求通过许可协议中的具体内容对数字资源提供商进行限定，要求其根据出版物的出版周期对数字资源进行动态更新，并且更新要及时、准确。

第二节　数字资源采访

一、数字馆藏发展政策

数字资源逐渐成为图书馆馆藏的重要组成部分，图书馆馆藏中所有的数字资源统称数字馆藏。编制数字馆藏发展政策可以明确图书馆的使命及用户对数字资源的需求，提出数字馆藏的发展目标，制定数字资源的选择标准，表明图书馆对许可协议的立场，促进数字资源建设的规范化和科学化。

数字馆藏发展政策的基本内容包括数字资源发展政策概述、背景陈述、数字馆藏的发展目标、数字馆藏的选择标准、许可协议、数字馆藏的采访方式、数字馆藏的管理与服务等。

中小学不同阶段课程设置特点并不相同，图书馆在制定数字馆藏发展政策时，首先要明确学校自身定位与发展目标，即学校的优势与特色是什么，近期与远期规划是什么，图书馆要配合学校的发展目标进行数字馆藏发展政策概述以及背景陈述，进而进行数字馆藏发展目标的制定，图书馆要分析用户群的数量、层次等，还要对图书馆参加的数字资源共享的保障程度进行分析。在此基础上，图书馆需要制定数字资源与纸质资源的经费比例，其中包括总体经费比例、电子图书与纸质图书的经费比例、电子期刊与纸质期刊的经费比例。图书馆还需要对数字资源发展的总体数量和体系结构进行规定。体系结构包括文种结构、学科结构、学术水平结构、类型结构和级别结构，其中，文种结构指数字资源中的中文、英文和其他文种资源的数量和比例；学科结构可按课程学科类目来确定各学科的数字资源的数量和比例；学术水平结构指研究型、教学型、素质教育型数字资源的比例结构；类型结构指文摘索引数据库、电子期刊、电子图书、全文数据库和其他类型数字资源的结构；级别结构指拥有权和访问权数字资源的比例。还要考虑在经费出现波动时，数字资源体系结构内部的优先建设程度和重点数字资源的优先建设程度。

在数字资源的选择标准方面，从数字资源的价值上，可考虑其内容权威性、学科覆盖面、精确性、及时性、回溯期等，其检索系统的界面、检索功能、输出功能、系统管理、辅助功能等，其访问方式的身份认证、IP限制、稳定性等，其售后服务的说明文件、培训、故障恢复等；从数字资源的需求上，可考虑其用户需求方面的专家意见、用户反响、对应纸质文献的使用情况与试用情况等，其相关性的学科相关性、知识水平相关性等，其馆藏补充能力的品种增量、复本增量、版本优先度等，其资源共享环境的需求量大小、资源共享渠道等，其价格的总体价格及预算、价格涨幅及经费保障能力、不同版本的价格比较等；从不同类型数字资源的选择注意事项上，可考虑二次文献数据库的覆盖面、索引质量、查全率和查准率等，电子期刊的印刷版与电子版的关系、价格涨幅等，电子图书的对馆藏的补充能力、包库与镜像两种模式的选择等，全文数据库的内容的稳定性、独家期刊、时滞等。

在数字资源的采访岗位职责方面，要明确数字资源的预算编制、试用和预评价、决策与谈判、签订合同、提供访问、付款、合同管理、推广与宣传、访问管理、使用量统计、电子馆藏评估和停订与存档等。数字资源采访流程主要包括编制数字资源发展政策、编制预算、试用与预评价、谈判与选择决策、订购与付款等，具体工作流程有推荐或寻访、预评估(预选、询价)、试用、试用评估、签订合同、提供服务、宣传推广、维护、利用评估、续订或停订等环节。

在数字资源的管理与服务方面，要明确数字资源的访问认证、访问故障诊断与恢复、数字资源导航、数字资源编目、跨库检索等，以及数字资源的资源整合、宣传与推广、用户教育、电子馆藏评估等。

二、数字资源建设方式

对中小学图书馆来说，数字资源建设方式主要有购买数字资源(包含政府采购、联合采购、单独采购、PDA 模式)、统一配备、自建数据库、开放存取资源等。图书馆资源的政府采购对于纸质资源和数字资源并没有本质的区别，这部分内容详见第三章第二节。统一配备是由教育行政部门参照馆配图书的方式，统一配备数字资源。自建数据库指学校图书馆建立本馆的特色数字资源，体现校本特色，这部分内容作为特色资源建设详见第十章。以下重点介绍联合采购、单独采购、PDA 模式、开放存取这四种数字资源建设方式。

(一)联合采购

联合采购，是指一定区域范围内若干图书馆自愿组成集团，推举一个或数个图书馆代表与数据库商谈判，谈判内容包括价格、许可协议相关条款等，最终购买合同可由数据库商同时和集团代表、成员馆签订，也可以由数据库商和单个成员馆签订。

联合采购的优势：1. 节省各成员馆分别进行谈判的人力资源。2. 集团成员馆可以获得批量订购而产生的价格优势。3. 集团代表以众多成员馆为支持，谈判过程中的议价、条款制订以及后期服务等各方面有更强的话语权。联合采购也有其不足：1. 以满足大部分图书馆需求为主，无法兼顾每个成员馆的需求。2. 联盟付款有统一的期间，如果超过一年付款周期，对图书馆当年经费使用与结算带来不便。3. 计费方式虽然考虑到图书馆用户规模或数据库使用量，但缺少科学的方法。

中小学数字图书馆是中小学图书馆(室)现代化建设的重要内容，是中小学"数字校园"建设、标准化学校建设和教育资源建设的重要组成部分。做好中小学数字图书馆的建设和推广应用工作，可以有效避免重复建设、资金浪费、资源配置不合理等问题。目前，部分省市已经开展了数字资源的联合采购。

重庆市中小学数字图书馆于 2010 年年底开通，为重庆市中小学师生提供了内容丰富的图书、报刊和其他教育教学资源。学生使用学号与初始密码即可登录，教师使用身份证号和初始密码进行登录。为了充分发挥数字图书馆的效益和作用，平台还对各学校用户数、平台点击率进行统计，并对优秀学校进行表扬。重庆市教育信息技术与装备中心制定了重庆市中小学数字图书馆运营维护管理办法，设立了运行维护业务组和技术组，由重庆市不定期补充数字图书馆的资源，每年按不低于现有藏书量3%的比例新增电子图书和其他资源。采取会员制方式和向会员学校实行低廉有偿使用的方式，将对开通使用学校收取一定的服务费，服务费用根据学校办学规模，按照499人、500～999人、1000～1999人、2000～2999人、3000人以上的不同标准收取。

天津市中小学数字图书馆由天津市教委负责指导和协调建设和应用工作，定期增加新的书目，丰富图书资源，进一步完善数字图书馆。天津市教育委员会教育信息化管理中心负责数字图书馆的硬件维护和技术支持工作，天津市中小学教育教学研究室负责数字图书馆的平台建设、数字图书馆资源选取和培训、推广。

(二) 单独采购

单独采购，即图书馆单独与数据库供应商进行沟通与谈判，单独购买使用的方式。在数字资源刚兴起的时候，数据库数量并不多，各个图书馆基本上采用单独采购的方式。目前，中小学普遍采取地区联合采购的方式，但如果经费充足，可以按照学校需求采取单独采购的方式。

单独采购的优势：清楚了解本校需求，购买更具有针对性，尤其是购买单一文献类型（国际会议论文、国内会议论文、博士学位论文、硕士学位论文等）或某一专题（基础教育、高等教育、精品科普、精品文艺、党建期刊、法律知识等）的数字资源或特色数据库，可以根据本校师生需求进行某一文献类型或某一专题资源定制；由单一单位自主单独采购，省去了联合采购的部分环节，缩短了采购周期。

单独采购也有弊端：受限于谈判技巧，并且不容易压低价格，因此在价格谈判上并没有优势；如果相关人员不熟悉有关法律法规知识，考虑问题不易周到；单独采购由本单位实施，容易发生贪污受贿、滥用职权等问题。

(三) PDA 模式

PDA 通常译为用户驱动采购，是指以用户需求为导向，进行资源采购。对纸质资源来说，可以是向图书馆推荐购买，也可以在图书馆举办的书展中选书；对数字资源来说，完全根据用户的浏览、借阅等行为，在触发图书馆和供应商达成一致并设定好条件时自动进行采购。

触发条件由图书馆根据本身的用户数量、经费条件等和供应商在资源、服务、结算方式等方面达成一致后在数据库中设定。用户使用数字资源时的触发条件比较灵活多样，不同的数据库有不同的触发购买条件，有的期刊数据库是用户首次点击全文就会触发购买，有的电子图书数据库是根据访问次数来触发购买，也有的电子图书数据库通过定义浏览全文的百分比触发购买。因数字资源使用方式的灵活，不同的数据库对 PDA 模式的计费方式各不相同，有的按期刊单篇或图书单册进行计费，有的按浏览页数计费。

PDA 模式的优势：保障用户需要的资源，在满足用户需求的同时进行了图书馆资源采购工作；提高资源利用率，此种模式保证了触发的资源都是有使用需求的，避免了打包购买数据库情况下部分资源无人使用的情况；节省采购经费，有限的经费可以最大限度地满足用户资源使用需求；因 PDA 模式从资源挑选到资源购买都通过系统来完成，一定程度上减轻了采购馆员的工作压力，从而使馆员可以有更多精力进行资源保障评估等工作，这也是采购馆员需要掌握和参与的工作。

PDA 模式的弊端：不利于经费预算，由于用户需求引发的触发购买没有计划性，使得这部分资源购买经费具有很大的不确定性；不利于维护既定的馆藏发展政策，比如：馆藏结构方面，采购馆员会综合考虑学科、时间、等级、语种、文献类型等各个方面，但 PDA 模式中用户本身的不确定性导致购买资源的不确定性，从而破坏既定的馆藏结构。

（四）开放存取

开放存取是指通过公共网络免费获取所需要的文献，允许任何用户阅读、下载、复制、传播、打印、检索论文的全文，或者对论文全文进行链接，为论文建立索引，将论文作为索引编入软件。开放存取的含义强调了学术资源向用户免费开放，允许用户无限制合理使用。虽然用户可以通过网络查找免费资源，但如果中小学图书馆将和本校教学相关的网络免费全文资源收集起来集中分类揭示给本校用户，会大大方便用户利用。

三、许可协议

数字资源一般情况下是通过签订数字资源许可协议获得，图书馆可以在许可范围内提供已经购买的数字资源服务。用户通常有两种方式利用数字资源：一是在校园网范围内直接使用，一是通过用户名和密码登录使用。

资源许可协议，是许可人即出版者或供应商与图书馆之间就数字资源的使用进行双方权利和义务的规定并依法自愿达成的协议。签订数字资源许可使用协议购买数字资源使用权成为图书馆采购方式的重大变革，可以说，许可协议是数字资源管理的第一要务，其基本功能是在交易中保护双方团体，就资源价格、访问方式、授权用户单位、许可证修订、提前中止、协商解决、适用法律、受诉地选择、永久访问权、检索系统更新等进行谈判。每个数字资源都有相应的许可协议，条款和内容各有不同。许可协议作为法律文本，一经签署即产生法律效力，违约者将承担法律责任。

许可协议主要内容包括[①]：1. 订购。订阅者通过支付议定的订阅费获取在一定时期内使用订购内容的权利。2. 订购机构和授权用户。为了避免混淆，出版者和订购者须对订购机构的范围以及与范围相关的订购价格达成一致。3. 资源使用范围。遵循版权法的规定，授权使用的范围包含现行版权法所允许的任何使用。4. 合理使用。双方协定资源只限于授权使用，不允许非授权用户获取使用权。协商订购机构与出版者合作解决订阅内容不当使用问题。5. 保密与隐私。订购机构和出版者尊重内容使用者的隐私。6. 在线服务和性能包括内容和服务提供两个方面，具体指内容更新及时、平台稳定性和可用性、不间断服务、系统容量、使用统计、链接解决方案、认证服务等。7. 存档和永久访问权。出版者应当提供订阅内容的存档，一旦中止订阅，订购机构可以从出版者的网站、订购机构维护的备份或第三方存档等途径继续访问所订购的内容，订购机构须支付相应合理的费用来获取此永久访问权限。

对应的许可协议条款主要包括：

1. 许可证的授予条款。界定许可使用的数字资源的性质、许可证的授予以及所有权。

2. 授权使用条款。对于中小学图书馆而言，授权用户包括学生、教职员工、合同工和其他校园网的授权用户。图书馆有权要求授权用户可以为教育教学等非商业使用目的，按照协议的条款和条件可以多种方式（如：陈列、数字复制、复印、存档和备份、课程保存、电子链接、学术交流、馆际互借等）使用许可资源。

3. 使用限制条款。一般包括非授权使用、许可使用资料的修改、版权通告信息的去除和商业目的的使用。图书馆也应按照合理使用相关规定，严禁任何个人或单位恶意下载数据或将数据用于任何商业或其他营利性用途，严禁任何个人或单位私设代理提供给非授权用户使用。

4. 馆际互借与文献传递条款。图书馆应当与供应商在许可协议中就文献传递问题达成共识，应允许成员馆为满足学术研究或个人学习而非商业营利需要，联合采购利用邮

---

① 潘菊英，朱远坡. 图书馆电子资源许可协议条款研究[J]. 图书馆论坛，2011(4)：106 – 108.

寄、传真或通过 Internet 联合采购等其他子传送方式向其他图书馆提供少量的数字资源的复制件，从而实现资源共享。

5. 永久使用与存档保护条款。图书馆与资源提供商之间应就数字资源的长期保存进行协商和合作，共同探索内容存档的模式。

6. 用户使用数据统计条款。图书馆有权要求许可人供应商每月提供关于许可使用资料的使用数据统计报告，并将其纳入许可协议中，数据统计项目包括每天登录用户数，菜单选择数，并发用户的最大数，拒绝登录用户数，引文、摘要以及全文检索数目等。

7. 用户教育与培训条款。图书馆用户有权要求数字资源供应商提供相关的技术支持和培训。

8. 许可使用费用和计价模式条款。图书馆应以有限的文献资源购置经费，获得最大限度的使用效益，一般来说，联合采购可以争取价格上的优惠。

9. 双方应履行的责任和义务条款。如：共同保守用户身份和用户口令的秘密，确保只有图书馆及其用户获准存取许可使用的数字信息，还有资源服务的连续性和完整性、资源服务质量等；图书馆要向供应商提供用户人数信息并及时提供相关的最新信息，教育用户合理使用数据资源采访流程。

第三节　数字资源统计

对于图书馆和上级主管部门来说，统计数据可以客观反映图书馆的现状，准确的统计数据有助于了解图书馆馆藏，是图书馆科学管理与规划决策的基础，更是图书馆评价的依据。因此，将数字资源纳入图书馆馆藏体系进行整体规划、系统建设和规范计量与统计，并作为评价中小学图书馆文献信息资源保障能力和水平的重要依据是完全必要的。

数字资源的种类和形式多样，给统一的计量和统计工作带来很大困难。目前，国内数字资源统计标准有《图书馆数字资源统计规范》(WH/T 47 – 2012》)，高等学校图书情报工作指导委员会与中国高等教育文献保障系统(CALIS)管理中心制定的《高等学校图书馆数字资源计量指南》，以及"数字资源量"指标。中小学图书馆可以根据实践需要，选择某个标准或者某些指标进行本馆数字资源的统计。

一、《图书馆数字资源统计规范》

文化行业标准《图书馆数字资源统计规范》构建了图书馆数字资源统计指标体系，对数字资源相关术语、数字资源体系、统计指标和统计方法做出了明确界定，适用于图书馆数字资源的馆藏、服务、设施和经费统计。该标准不涉及数字资源评估的指标体系和方法，但为数字资源的绩效评估提供部分基础数据。

（一）主要术语和定义

以下术语和定义出自《图书馆数字资源统计规范》。本节选取了数字资源采访中涉及的主要术语。

1. 数字资源，指以数字格式存在的各种媒介信息。

2. 数字馆藏，指图书馆馆藏中所有的数字资源，包括图书馆本地拥有的和获得一定期限使用权的数据库和数字文献。包括购买、许可授权、收缴、捐赠、交换、数字化、网络信息采集等方式获得使用权或保存权的数字资源，未签订购买或许可授权合同的试用数字资源不包括在内。本馆承建的联机目录作为独立的数据库属于数字馆藏。数字资源不包括网络资源链接。经图书馆编目、整合并纳入其数据库或数字文献中的免费网络资源单独统计，其他免费网络资源不计入数字馆藏。开放获取的资源被视为免费网络资源。

3. 新增，指统计周期内新增加的数字馆藏，可通过购买、许可授权、数字化、捐赠或者交换等方式获得。

4. 剔除，指统计周期内注销的数字馆藏，可通过删除数据、取消许可授权、剔除数字资源的物理载体等方式实现。

5. 描述性记录，指由计算机处理的书目或其他标准格式的单个记录，用于标明、描述任何物理形式或某一内容单元中的文献。描述性记录的集合通常以数据库的形式发布。记录包括的元素有题名、作者、主题、摘要、原始日期等。

6. 内容单元，指计算机处理的已出版作品的唯一可识别文本、图片或视听单元，这些已出版的作品可能是其他已出版作品的全文或者摘要形式。如果数字资源专门以描述性记录为主要内容，则其内容单元为相应的描述性记录。除此以外，描述性记录一般不作为内容单元进行统计。

7. 数据库，指数字资源的供述性记录或者内容单元的集合（包括文本、图片、声频、视频、工具软件等），并带有统一的用户界面及检索、处理数据的软件。内容单元或记录通常根据某一特定目的收集并与某一特定主题相关。全文数据库、文摘/索引数据库、多媒体数据库、工具型数据库、复合型数据库见本章第一节数字资源的常见引用类型部分。

8. 数字文献，指由图书馆购买、数字化或通过其他途径获得的以数字形式存在的带有特定内容的信息单元，不包括数据库和整合在数据库中的数字资源。一份数字文献可以由一个或多个文件构成。一份数字文献包含一个或多个内容单元。按源文献类型划分数字文献类型，主要包括诸如图书、期刊、报纸、方志、档案等在内的文本类数字文献，诸如实物影像、拓片、照片之类的图片类数字文献，诸如音乐、访谈、相声在内的声频类数字文献，以及诸如纪录片、影视剧、舞台剧这样的视频类数字文献。

9. 源文献，指经过扫描、转换和录入等方式数字化加工前的原始文献或原生数字文献。

10. 免费网络资源，指没有限制获取的网络资源。

11. 数字馆藏量，指本地拥有的和已经获得使用权、至少有一定使用期的某一特定类型数字资源的量。

12. 容量，指数字资源占用的物理存储空间。其中，数据库容量为数字馆藏中各类型数据库的长期保存级数据所占用的物理存储空间容量，备份数据、裸数据不计在内。数字文献容量为数字馆藏中各类型数字文献的长期保存级数据所占的物理存储空间容量，备份数据不计在内。

13. 许可，指在指定条件下对知识作品利用所做的授权。

14. 使用权，指获得或利用图书馆馆藏的权利。

15. 长期保存，指以适当的、能够被独立理解的格式进行长期保存信息的行为。长期是指存储于资源库中的信息其保存期限足以应付技术变化(包括支持新媒体和数据格式)的影响和用户群体变化的影响，保存期限可无限延长。

(二) 数字馆藏统计指标体系

该标准规定了通用、规范的统计指标，指标体系由一级指标和二级指标构成，统计需求程度高、应用广泛的指标设定为核心指标，统计需求程度相对较低、应用相对较少的指标设定为扩展指标。

图书馆数字馆藏包括数据库和数字文献，标准分别规定了馆藏数据库量和馆藏数字文献量统计指标。由于图书馆的数字馆藏一般以数据库形式面向用户发布并提供服务，因此，标准规定了数据库发布量统计指标，数字文献发布量统计指标可根据需要参照数据库发布量统计指标进行设定。

数字馆藏的数据存储格式多样，应用目的各不相同，除统计数字馆藏的容量和发布容量以外，数字馆藏数据的实际占用存储容量同样具有重要的统计意义。

数字资源统计指标分为数字馆藏量统计指标、数字馆藏发布量统计指标、数字资源服务统计指标、数字资源相关设施统计指标、数字资源经费统计指标，具体统计指标请参见标准。

(三)数字资源统计管理

图书馆定期进行数字资源统计，一般以"年度"作为统计周期，或者根据需要调整，以"半年""季度"或"月"为统计周期，但连续统计周期之间涵盖的时间不能交叉。除特别声明外，统计总量时，通常是指统计周期结束时的数据；统计增量和剔除时，通常是指统计周期内新增和剔除的数量；当以百分比(％)作为增量或剔除的计量单位时，通常是指该指标与上一个统计周期(涵盖相等的时间区间)相对比新增或剔除的百分比。如果因故不能采集统计周期内的全部数据，应说明所采集数据涵盖的时间区间。

为保障统计工作的科学性和持续性，标准要求建立健全统计制度，明确相关部门和人员的统计工作职责，以规范的流程执行本标准，准确收集统计数据，及时通报统计结果，有效管理统计数据，并注重开展多角度、多层面的深度统计分析，为图书馆业务工作的开展提供重要的参考资料，实现统计工作价值最大化。

统计报表是按规定的表格形式、内容、时间要求进行的，做统计报表要明确统计目的，确定统计周期和统计人员，根据统计目的选择描述指标，并遵循标准规定采集各指标的数据，建立反映数字资源详细属性的统计清单，以统计清单为基础，按照统计规范进行数据统计。

中小学图书馆在设计统计报表时，应参考标准中的附录 A《数字资源描述指标》、附录 B《进一步统计分析用类目》、附录 C《主要的内容单元类型及计量单位》、附录 D《数字资源统计报表示例》。中小学图书馆可以根据本馆实际情况，从中选取适合本馆用的指标进行统计并生成报表，并注重开展多角度、多层面的深度统计分析。

二、《高等学校图书馆数字资源计量指南》

为了规范全国高校图书馆的数字资源计量、统计工作，高等学校图书情报工作指导委员会和中国高等教育文献保障系统(CALIS)管理中心于 2004 年颁布了《高等学校图书馆数字资源计量指南》(以下简称《指南》),将数字资源纳入高校图书馆文献资源体系进行整体规划、系统建设和规范计量与统计,作为评价高校图书馆信息资源保障能力和水平的重要依据。《指南》在 2007 年进行了修订,目前已成为多数大学图书馆数字文献的计量标准,也可以作为中小学图书馆数字资源计量的参考。

《指南》中对数字资源进行了定义:数字资源是指图书馆引进(包括购买、租用和受赠)或自建(包括扫描、转换和录入)的,拥有磁、光介质或网络使用权的数字形态的文献资源。根据高校图书馆的实际情况,将需要统计的数字资源划分为四种类型:电子图书(包括与图书类似的出版物)、电子期刊(包括与期刊类似的连续出版物)、二次文献数据库(包括题录、文摘、索引等)和其他数据库。《指南》对每种类型的数字资源的计量和统计进行了说明,作为目前数字资源计量和评价的重要标准,得到了各方面的认可和支持,被广泛地应用于图书馆和其他统计报表与评估指标体系中。

(一)数字资源的计量和统计

《指南》中规定:数字资源统计按照四种数字资源类型,分别按中、外文文种进行计量。数据库个数以供应商分割的最小销售单元为计量单位;同一平台的不同数据库应分别计量,但不同平台的同一数据库只计为一个库。混合型数据库(含有两种以上数字资源类型)中的电子图书、电子期刊及二次文献分别与电子图书、电子期刊及二次文献合并计量,但该数据库的个数不重复计量。

1. 电子图书的计量和统计。电子图书以数据库个数和电子图书册数为计量单位;会议论文、研究报告、标准等按数据库个数统计。

2. 电子期刊的计量和统计。电子期刊以数据库个数、电子期刊种数和份数为计量单位;以种为计量单位时,不同数据库中的同种电子期刊计为一种。以份为计量单位时,总份数为不同数据库中的期刊数之和。

3. 二次文献数据库的计量和统计。二次文献数据库以数据库个数为计量单位,自建二次文献数据库同时以记录条数和字节量为计量单位。

4. 其他数据库的计量和统计。其他数据库以数据库个数为计量单位,自建其他数据库同时以记录条数为计量单位;数字多媒体资源中的流媒体资源按小时计,其他按字节量计。

(二)数字资源的馆藏计量

1. 购买了永久使用权的数字资源,纳入馆藏计量。

2. 未购买永久使用权的数字资源，在使用权期限内纳入馆藏计量；失去使用权以后，应从馆藏中扣除。

3. 当年新增的电子书刊计入当年新增馆藏。

4. 按包库购买的电子图书每一种计一册，按种选购的电子图书每一种计两册；共建共享的电子图书按共享的总数，每一种计一册。

5. 纳入馆藏计量的电子期刊按年按份换算为馆藏册数，其中，中文电子期刊一种一个年份换算为一册，外文电子期刊一种一个年份换算为两册。

6. 二次文献数据库和其他类型数据库暂不换算为馆藏册数。

(三) 其他相关说明

1. 随纸本书刊所配的光盘以及非书资料不作为数字资源计量。

2. 永久使用权是指图书馆引进的数字资源，不论其使用方式是本地访问或远程访问，均可永久使用。

3. 试用的数字资源和免费使用的数字资源不计入馆藏。

4. 为方便各馆对数字资源进行分类和统计，《指南》将高校目前引进的主要的中、外文数字资源作为附件供各馆参照。附件按年度发布，作为数字资源计量的基础数据。

三、国外数字资源统计标准

(一) ISO 2789 标准

1974 年，国际标准化组织 (ISO) 与国际图书馆协会联合会 (IFLA) 为图书馆统计制定国际图书馆统计标准 ISO 2789，之后分别于 1991 年、2003 年、2006 年、2013 年进行了修订。其中，2003 年修订出版 ISO 2789：2003 (E) 在继承了 1991 年版本对传统图书馆服务统计测量的内容基础上，增加了附录 A《图书馆电子服务使用评价》，又从电子服务类型、使用统计、附加调查方法三个方面对数字资源、数字资源服务及自动化提供了相关统计测量标准。[①] 附录 A 定义了八个统计指标：任务数、下载文献的数量、下载记录的数量、虚拟访问次数、一次任务的检索时间、拒绝访问的任务数、检索次数、通过因特网访问的任务数。2006 年与 2013 年，ISO 又进一步进行了更新。相比 2006 年，2013 年版增加了《图书馆的当前任务》一章，强调了不同图书馆类型的目标和任务有很大差异，下分学术图书

---

① 刘蔚，王长宇. ISO 2789、NISO 239.7 和 E - METRICS 数字资源评价标准比较 [J]. 图书馆学刊，2010 (8)：102 - 105.

馆、公共图书馆、学校图书馆、特殊图书馆以及国家图书馆，对其目标与任务进行了简要阐述，又分馆内与馆外对用户活动的变化进行了说明；在名词术语中增加了"管理"；在"统计的用途和好处"中增加了统计数据使用与向有关人员提供统计数据；在"收集统计数据"中相应增加了"管理"部分。

（二）NISO 239.7 标准

NISO 239.7 标准全称为"信息服务和使用：图书馆和信息服务机构统计指标——数据字典"，是美国国家信息标准组织（NISO）颁布的关于图书馆基础统计的数据标准。第一个版本颁布于 1968 年，最新的版本为 2013 年修订的 ANSI/NISO 239.7-2013，正文包括七个部分，分别为导言、报告单位与主要目标人群、人力资源、馆藏、基础设施、财务和服务，此外，还有前言、附录（调查信息、电子计量元素、图书馆计量的附加资源）和索引。2013 年版将数字资源大致分为计算机文件、数据库、数字文件、免费互联网资源、其他数字文件，其中，数据库分为文摘索引数据库、全文数据库，其他数字文件指电子图书、网络视听文件或电子专利以外的数字文件，如：报告、预印、电子地图、电子音乐、电子展品等。在经费下有数字资源支出，说明中不仅包括获得永久使用或临时访问权的本地或远程各类数字资源，也包括图书馆数字化支出，还包括使用数据库许可证的支出。NISO 239.7 的指标体系基本是三级层次，但"服务"指标下的"利用"的"数字馆藏"中出现了五级层次的指标。在"利用"中给出一个表单，里面包含电子服务中的十四个指标：OPAC 会话数、商业服务系统的会话数、拒绝的会话数、资源检索次数、商业服务系统的检索次数、OPAC 检索数、全文数据的使用量、商业服务全文数据的使用量、馆藏中描述性数据使用量、商业服务系统描述性数据使用量、OPAC 描述性数据的使用量、虚拟访问次数、菜单选用数、虚拟参考服务次数。在"利用"下分数字馆藏、内部使用、网络检索、公共检索机使用次数四个方面，对图书馆利用各个指标进行了说明。

（三）E-Metrics 指标体系

E-Metrics 项目由美国研究图书馆协会（ARL）发起，E-Metrics 项目的历史较短，始于 2000 年，目的是建立一个针对数字资源的评价标准来满足其成员馆的需要。评价指标体系包括资源、使用、成本、馆藏数字化、性能测量 5 个类别，每个类别分别设有 3~5 个指标。其中的资源类别是指与用户可存取的数字资源相关的统计数据，包含电子全文期刊数量、电子参考资源数量、电子书数量 3 个指标；使用类别是指与数字资源和服务相关的统计，包含电子参考咨询服务数量、数据库登录进程数量、数据库检索数量、数据库项目请求数量、图书馆网站及目录的虚拟访问数量 5 个指标；成本类别是指与数字资源和相关基础设施的经费相关的统计数据，包含电子全文期刊成本、电子参考资源成本、电子书成本、图书馆在书目加工和网络联盟的成本、书目加工和网络联盟的额外成本 5 个指标；馆藏数字化类别是指与图书馆数字化活动相关的统计数据，包含图书馆数字化资源的规模、图书馆数字化资源的使用、数字化资源建设和管理成本 3 个指标；性能测量类别包含参考咨询中电子参考咨询所占比例、图书馆虚拟访问在所有访问量中的比例、电子书占全部图书的比例、电子图书占所有专著的比例 4 个指标。

第六章　图书馆数字资源的评价

20世纪90年代以来，以信息高速公路和多媒体技术为标志的信息技术革命浪潮，以其日新月异的发展和势不可当的势头，全面影响并改变着人们的思维、观念、生活方式及工作方式，在文化领域、生活领域和经济领域带来了一场革命。在以网络为核心的信息技术革命的推动下，数字资源因为其良好的可获得性而引发了图书馆藏书建设的变革，并极大地改变了图书馆性质、功能及服务内容与方法。迅速增长、种类繁多的数字资源，一方面丰富了图书馆的馆藏，满足了信息时代读者对图书馆数字化信息服务的需要，使图书馆的文献资源建设有了更广阔的选择空间；但另一方面，由于数字资源作为网络化、信息化的产物，相对于纸本文献而言其成熟性、稳定性、存续空间等都有待进一步发展，尤其是其高额的年租金或购买费用，对图书馆文献资源建设工作乃至其事业发展的规划、决策等提出了新的、更高的要求，甚至是严峻的挑战。因此，开展数字资源评价研究，建立决策模型，对科学地规划图书馆事业的发展、有效地利用文献资源建设经费、理性地建设数字馆藏、实现图书馆馆藏结构优化、提高图书馆服务质量与效益及图书馆决策的科学化、制度化、民主化水平无不具有十分重要的意义。

第一节　数字资源评价研究现状

数字资源是指一切以数字信息方式存在的文献资源，涵盖广泛，形式多样，包括互联网上的免费的网络资源和那些由出版商或数据库商生产发行的、商业化的正式出版物，具有信息容量大，参考价值高，使用上超时空、易检索、速度快、共享性好、易编辑等优点。本章节所要研究的数字资源是指网络型文献资源中基于数字图书馆馆藏建设、由出版商或数据库商家生产发行的、商业化的正式出版物，包括数据库、全文电子期刊和电子图书等。

与数字资源评价理论体系的科学构建的内在要求和数字资源评价实践的现实需要相比，已经开展的研究和取得的成果其广度和深度均存在不同程度的差距。主要表现为：1. 无论在数量还是在质量上，我国图书馆界在数字资源评价方面的研究成果都比国外的少，水平也不高。2. 评价指标定性化的居多，定量化指标很少，缺乏可比性。即使是定量化指标也因没有确定同样的比较单位和环境，实际上也是不可比的。3. 因为定量化指标较少且不成体系，在实际评价过程中评估人员感性化成分较多。4. 评价指标未能形成科学体系，不能由表及里深入到资源内部或学科内部，评价结果具有表面性。5. 评价指标因概念不统一，种类繁多，缺乏可操作性。6. 因统计渠道不统一，评价需要的相关统计数据不全面。7. 评价理论与实践缺乏互动。

因此，图书馆有必要对数字资源评价指标体系的完备性、科学性及其各种影响因子进行更加深入地探讨、分析和提炼，制定更加完善、科学、合理的定量指标体系；寻求更为有效的方法支撑数字资源评价模型；开发和研究新的、有效的技术手段实现理论与实践的有机结合，以期数字资源评价理论在图书馆事业发展实践中彰显其价值，并使之日臻完善、科学。

第二节　数字资源评价的方法

数字资源的科学评价是一项比较系统、复杂的工作，需要考虑很多因素。由于数字资源价值和质量是其本身与数据提供商、图书馆及其用户、计算机与网络等外部物质、技术、人本因素相互作用的结果，进行数字资源评价体系研究必然涉及图书情报学、经济学、数学、统计学、信息技术等众多学科的理论和方法。

一、图书馆对数字资源的评价

图书馆应从以下四个方面对数字资源进行评价：

1. 建立数字资源评价指标体系

调查研究国内外有关图书馆文献资源评价方面的研究情况，收集整理有关重要的数字资源评价指标，根据工作实际，采用"层次分析法"构建四级数字资源评价指标体系，即：(1)目标层指标。该项指标主要围绕数字资源评价目的如"采购评价"等而设计。(2)准则层指标。通过对评价指标的类分确立数字资源评价基本内容框架，如：资源内容评价、服务质量评价等。(3)要素层指标。在总结、归纳、分析、抽象的基础上，通过广泛的调查研究，确立对数字资源评价具有普遍适应性的要素与因子。(4)方案层。根据数字资源价值和质量的评价，确定质量好价值高、质量好价值低、质量差价值高、质量差价值低等四个方案，供学术委员会参考，以确定是否购买和续订。

2. 建立数字资源评价数学模型

利用调查统计、模糊数学、经济学等方法对数字资源评价指标进行定量研究，探究各指标间及其影响因子之间的一般关系，并建立数字资源评价数学基本模型。

3. 开发数字资源评价决策专家系统

利用现代信息技术和手段，通过计算机编程，开发对数字资源评价实践具有决策意义的计算机辅助管理系统，并在实践中得到应用和检验。

4. 建立数字资源采访模式

根据评价结果，结合图书馆的特点，建立适合图书馆的数字资源采访模式。

二、层次分析法(AHP)

随着社会和科技的发展，系统工程在我国已广泛地应用于各工程的组织管理，如：安排施工进度，制订生产计划，调度机器设备等；在各项大型建设项目中，如：长江三峡工程等，都要进行深入细致的可行性分析(系统工程中的一种分析方法)。数字资源的评价是一个系统工程，它需要考虑诸多因素并构建一个由一系列相互关联的统计指标组成的评价体系。

客观事物的多种属性、多个侧面，各个侧面是互相联系、互相制约的，且各自的重要程度不一，如果只从一个角度或依据一个方面对客观事物进行评价，片面性在所难免。因此，在系统工程中，人们无法回避决策过程中决策者的选择和判断所起的决定作用，决策中总会有大量因素无法定量地表示出来，定性和定量相结合的方法还太少。基于此，20世纪70年代初期提出了一种系统分析方法，即层次分析法，它是一种能将定性分析与定量分析相结合的分析方法。

AHP可以将复杂的问题分解成若干个层次，在比原问题简单得多的层次上逐步分析，可以将人的主观判断用数量形式表达和处理，也可以提示人们对某类问题的主观判断前后有矛盾，将人们的思维过程和主观判断数字化。它不仅简化了系统分析与计算工作，而且有助于决策者保持其思维过程和决策原则的一致性，易于掌握，也易于应用。如：在对事物和干部的评价上，在为某一目的对各种方案、器材、厂址和其他任何事物的选取上，在对新技术的发展、新武器的研制或将来市场的预测上，在对资源或人力的分配上，都有着非常实际的应用价值。

AHP 将判断和价值结合为一个逻辑的整体，依赖想象、经验和知识去构造问题所处的递阶层次，并根据逻辑、直觉和经验去给出判断；允许使用者随时进行修订，即使用者既可以扩展一个问题层次中的元素，也可以改变原先的判断，允许使用者去考查结果的敏感程度以决定到底做何种改变；为进行群体决策提供了一种适宜的结构。作为一种有用的决策工具，AHP 具有以下优点和缺点：

优点：AHP 具有适用性、简洁性、实用性、系统性等特点。它输入的信息是决策者的选择与判断，充分反映了决策者对决策问题的认识——适用性；分析思路清楚，可将分析人员的思维过程系统化、数字化和模型化——简洁性；在决策过程中，将定性和定量因素有机地结合起来，用一种统一方式进行处理——实用性；把问题看成一个系统，在研究系统各组成部分相互关系以及系统所处环境的基础上进行决策——系统性。

缺点：AHP 在很大程度上依赖于人们的经验，主观因素的影响很大，它至多只能排除思维过程中的严重非一致性，却无法排除决策者个人可能存在的严重片面性；比较、判断过程较为粗糙，不能用于精度要求较高的决策问题。

AHP 分析问题的思路是：首先，把要解决的问题分层系列化，即根据问题的性质和要达到的目标，将问题分解为不同的组成因素，按照因素之间的相互影响的从属关系将其分层聚类组合，形成一个递阶的、有序的层次结构模型；其次，对模型中每一层次因素的相对重要性，依据人们对客观现实的判断给予定量表示，再利用数学方法确定每一层次全部因素相对重要性次序的权值；最后，通过综合计算各层因素相对重要性的权值，得到最低层(方案层)相对于最高层的(总目标)的相对重要性次序的组合权值，以此作为评价和选择方案的依据。

第三节　数字资源评价指标构建原则

一、科学性和先进性

指标体系里的每个指标都要有明确的含义和统计界限，都要能直接或间接地反映数字资源的特点。指标的选择与层次划分要符合思维逻辑，各级指标的划分标准应统一，各子项不应相容，在准确、全面反映数字资源特点的同时，评价指标还要能反映数字资源的发展方向，体现现有数字资源发展的不足。

二、整体性和系统性

评估指标体系是一组系列化的由浅入深、由表及里的指标组成，考虑到数字资源的特点包含两个方面：一是自身的静态特点，包括收录内容、检索系统等；一是使用过程中的动态特点，包括具体的使用情况和效益等。因此，构建的指标不应该是孤立的，而应该是能同时反映以上两个方面的特征，成为一个系统化的完整体系，只有这样才能全面、系统、准确地评价数字资源。

评估指标体系是一组系列化的由浅入深、由表及里的指标组成，考虑到数据库、读者、环境等诸项因素对于评估值的影响，减少或减轻评估人员主观性对评估值的影响。

三、灵活性

数字资源评价指标体系，应具有相当的灵活性，既能作为整体框架用于全面评价一个数字资源的总体情况，也要能对比评价同类型数字资源和不同类型数字资源之间的情况，满足图书馆在数字资源购买、服务的不同阶段对评价的需要。

四、数据可获得性和合理性

为使评价在实践中能顺利进行，各指标的评价数据应该易于收集和获取，不能直接获取数据而需要采用其他方法间接赋值的指标，应考虑具有合理的赋值方法与之相适应。

五、可操作性

在考虑指标体系的科学性的基础上，必须考虑该体系的可操作性，应尽量选取较少的指标反映较全面的情况，为此，所选指标要具有一定的综合性，指标之间的逻辑关联要强，具有可比性。而且，所选取的指标应该尽量与数字资源现有数据衔接，必要的新指标应定义明确，以便于数据采集。

六、深刻性

评估指标对于比较数字资源的学术性和学术质量有实质性效果，形成的结果能够对于数据库的采购起到参考作用。

七、定性分析与定量分析相结合

为了进行综合评价，必须将一些反映数字资源基本特点的定性指标定量化、规范化，为采用定量评价方法打下基础。

第四节　数字资源评价指标体系构建中应注意的问题

一、规范化

评价指标体系是由一系列相互联系的统计指标所组成的。体系中的指标不能孤立和分散使用，作为一个系统化的完整体系，评价体系强调对数字资源的整体评价。因此，要求指标含义和界定都必须明确和清楚，同样，在对指标的定义中所涉及的术语也必须规范，所使用的计量单位也必须便于比较和分析。规范化是建立评估指标体系的一个基本问题。

二、数据收集

评价涉及大量统计数据，而这些统计数据主要来源于数字资源出版商或供应商，以及图书馆。数字资源出版商或供应商提供的主要是系统自动统计积累的客观数据，如：用户检索次数、下载篇数、收录期刊种数等，图书馆提供的主要是根据计算、对比和分析得出的半客观或半经验、主观或纯经验的数据，如：全文利用成本、后备文档成本、目标读者访问率等。由于出版商或供应商所提供的统计数据的真实性难以保证，图书馆自己采集数据条件的局限性，在对不同数字资源的评价值进行比较时，应注意统计数据来源的不同所造成的差异。

第五节　数字资源评价指标体系的内容

一、与学校教育教学及科研事业发展的符合度

在购买任何一种数字资源之前，都需要对其内容、形式、文种等进行综合研究，通过分析研究，明确购买该数字资源的必要性。

(一)办学定位

数字资源的内容、形式、文种等是否与学校的办学目标一致，数字资源的内容深度是否适应学校的办学类型，数字资源的内容是否适应学校的办学层次，数字资源是否适应学校人才培养目标和特色等。

(二)学科建设与科学研究

包括数字资源与学校的学科建设规划是否关联，涉及的学科数量有多少，涉及的学科中本校重点学科(实验室)的比例，涉及的学科发展水平的高低情况等。

(三)目标用户

包括使用该数字资源的教学科研机构的数量，使用该数字资源的潜在人数数量，使用该数字资源的读者类型，使用该数字资源的读者的学历结构和职称结构等。

(四)办馆定位

包括数字资源的内容、形式、文种等与图书馆的办馆目标是否一致，与图书馆的馆藏发展规划是否一致，与文献采购原则和方针是否一致，数字资源对现有馆藏的互补作用的强弱程度等。

如：某学校电气学院推荐购买 IEL 数据库，在申请试用之前，采购人员应用上述部分指标对该数据库的内容、形式、文种等进行分析，确定它与学校的办学目标、办学层次、办学特色等一致，涉及的学校相关学科数量虽然仅两个，但该学科在学校属于省部级重点学科，有 1 500 人的目标读者使用，且主要集中在研究生及以上学历层次和中高级职称人员；该数据库是专业期刊全文、英文文种，涉及学科内容馆藏资料很少，对现有馆藏资源具有很好的互补作用，符合图书馆的办馆定位。基于以上分析，图书馆决定申请试用该数据库。

二、数字资源的内容

在购买某一种数字资源之前，需要对其收录文献内容情况进行分析，确定数字资源收录文献的数量规模、资源的品质，掌握其试用效果。

(一)数字资源的数量规模

数字资源的类型是图书、期刊还是题录、文摘、事实数据库等；

数字资源收录文献的时间跨度，即收录的文献是从何年开始；

数字资源的内容丰富程度，即收录文献的种、册、篇数的多寡；

数字资源收录文献中的全文文献比例等。

(二)数字资源品质

数字资源收录出版物的权威性，其出版物作者、文章在学科中的影响力和知名度情况等；

数字资源出版商的权威性，即出版物机构的知名度和学术影响力；

数字资源收录文献内容的连续性和完备程度；

数字资源收录文献内容的新颖性，更新的频率；

数字资源收录文献内容与其他数字资源收录的文献的重复比重，与馆藏各类型文献信息资源的重复比例。

(三)试用效果

购买数字资源之前，各图书馆都会对需要引进的数字资源进行试用。试用结束后，采集以下数据：

试用期内个人用户访问该数字资源的比例(相对于目标用户)；

试用期内个人用户检索该数字资源的平均次数；

试用期内个人用户下载文章的平均篇次数；

调查目标读者试用后对该数字资源的满意程度。

通过以上数据和满意程度问卷调查，判断数字资源的试用效果。

通过以上的分析比较，不难发现：CNKI作为一个中文综合性全文数据库，其数量规模、品质和试用效果是最好的，万方数据库虽然与CNKI相比期刊重复率较高，但其价格低廉、利用效果也不错，可考虑作为CNKI的补充。

三、数字资源的功能

在对数字资源的内容进行评估的同时，也需要对数字资源的检索系统进行评估，因为系统的好坏直接影响到对内容的使用。

(一)检索界面

检索界面的友好性和专业性。越方便、专业和学术品位越高的检索界面越容易被读者所接受，利用率会提高。

(二)检索技术与方法

检索入口、检索途径和检索技术。检索入口多样、层次较好，检索字段较多和检索途径较完备，检索方法、技术、策略等多样的数字资源更容易受读者喜欢，被读者利用。

(三)检索结果处理

读者能否对检索结果中的命中文献进行标注，系统能否对检索结果中的命中文献进行按相似度、时间、字顺等方式排序，影响着数字资源的利用及利用程度。

(四)检索效率

在数字资源的使用过程中，其检索文献时的响应时间、拒绝访问或检索失败频次都影响着其利用。由于查全率和查准率因检索技术的不同，其结果不同，很难确定其值，在此没有列入评价指标。

通过以上的分析比较，CNKI 因检索路径较多，其检索功能明显处于优势地位。

四、服务商的品质

服务商的服务，同样影响着数字资源的质量和用户的使用，也是图书馆在购买和更新数字资源时必须考虑的问题。

(一)管理信息系统

服务商提供的数字资源的管理信息系统对图书馆是否有管理权限(指基于该管理信息系统开发资源并授权用户访问)；该管理信息系统能否及时为用户提供真实、充分地反映资源品质特性的材料，及时反馈用户所需要的资源利用或试用报告等。

(二)数字资源附加值

服务商提供的数字资源能否提供参考文献、引文文献、资源报道等相关服务，能否提供全文文献传递的配套服务，是否具备诸如调整输出格式、进行二次检索、全文浏览或下载、导入数据库和文档、投稿指南、邮件服务等个性化服务。

(三)技术指导

服务商提供的数字资源是否具有资源利用帮助系统,是否为用户开办讲座等。

(四)对问题或故障的解决

供货商的服务是否承诺及时解决资源利用过程中可能出现的各种问题,并提出合理可行的解决方案。

(五)出版商提供的服务

出版商提供的数据传递方式是通过 Internet 传递还是本地镜像通过校园网传递,数据访问方式是 IP 地址授权访问还是用户名密码登录访问,存档方式是数据加密系统还是裸数据等,有无并发用户数限制等。

(六)成本核算

购买数字资源后,还要考虑其成本。如:每下载一篇全文所需要的成本投入(全文利用成本),每检索一次所在地需要的成本投入(次均利用成本),每个目标读者使用资源所需要的成本投入(读者人均服务成本),后备文档所需要的设备、维护等成本投入(后备文档成本)等。通过成本核算,结合本馆经费情况,决定下一年度是否续订、停订。

通过以上的分析比较,两个中文数据库,虽然 CNKI 利用程度高,但因价格较高,其全文利用成本与万方数据库一致,而万方数据库虽然利用程度不高,但因价格低廉,在次均利用成本、读者人均服务成本方面明显优于 CNKI。两个外文数据库,虽然价格相当,但因目标读者数不同,IEL 在利用成本方面明显昂贵许多。

第七章 图书馆文献信息资源共建共享服务研究

文献信息资源共享是社会进步的标志，是高校图书馆事业发展的必然结果。本章将阐述高校图书馆实现文献信息资源共建共享的意义，分析高校图书馆文献信息资源共建共享的模式并具体介绍中小学图书馆文献信息资源共享实践内容。

第一节 图书馆文献信息资源共建共享服务的背景

一、概念的提出

在人类社会漫长的发展历程中，物质、能源和信息被称作支撑人类文明和进步的"三大支柱"。在信息社会，信息作为资源被提出，由于其稀缺性和不均衡性，信息资源共享逐渐成为图书馆事业的组成部分。由于受到空间、经费和人员等各种客观因素的限制，几乎没有哪一个图书馆能够收录全部的文献资源。长期以来，图书馆一直高度重视不同图书馆之间的资源共享，这也是整个图书馆界的理想。也正是因为有了这样的理想，才会有各种各样的资源共享实践活动。19世纪末期，图书馆通过"馆际互借"的方式共享馆藏文献，并以"联合目录"的方式共同揭示各馆所收藏的文献，至此，"资源共享"作为图书馆领域的一个概念被正式提出。

20 世纪 50 至 60 年代，图书馆界的有识之士正式提出了图书馆资源共享的概念。① 资源共享的最初含义指的是图书馆和图书馆之间的关系，也就是不同图书馆之间通过相互分享资源，为用户提供更多的服务。后来，这个概念在原有基础上又有了一定的扩展和延伸，资源共享是图书馆的一种工作方式，即图书馆的全部或部分功能可以为许多图书馆共享。关于资源共享的目的，肯特认为包括两个方面：一方面是能够使图书馆的用户获得更多的文献资料；另一方面是能够为图书馆的用户提供更多的服务，而且这种服务比单个图书馆所支付的费用要低得多。

二、发展历程

信息资源共建共享主要涉及两个重要方面的内容，即信息资源的"共建"与"共享"，其中，共建是共享的前提和保证，而共享是共建的目标和意义。

虽然自从人类社会产生图书馆和图书馆馆员之后，信息资源共享的实践活动就已经开始，20 世纪 70 年代以来，联合国教科文组织、国际图联等国际组织共同致力于全球范围内的文献资源共享，但是信息资源共享是 20 世纪 90 年代以后才普遍使用的专业术语，它的产生大致经历了图书馆资源共享、文献资源共享、信息资源共享三个发展阶段。

对于我国来说，民国时期图书馆之间的"馆际互借"是我国"资源共享"的最初表现形式。我国近代馆际互借制度首先出现于上海图书馆协会 1926 年的章程中，1927 年北平国立图书馆建立了互借制度，1929 年中华图书馆协会通过了推广馆际互借的协议。我国真正意义上的图书馆信息资源共建共享活动始于 20 世纪 50 年代中期，1956 年国家制定了《高等学校图书馆馆际互借办法》，提倡推行馆际互借；1957 年国务院颁布的《全国图书协调方案》，标志着我国图书馆信息资源共建共享活动的正式开展；20 世纪 80 年代，有关图书馆资源共享的概念开始在我国流行。

20 世纪 90 年代，鉴于图书馆资源的概念过于广泛，但资源共享只限于图书馆又过于狭窄，图书馆资源共享没有准确地反映出事物运动的真实内容和本质特征，用"文献资源共享"取代"图书馆资源共享"，并对文献资源进行定义，"文献资源是人类生产、收集、贮存与积累的文献的总和，是物化了的信息和知识财富的存在方式，它广泛地分布于社会，形成了庞大的文献资源系统"。② 同时，我国图书馆界也相继启动了一系列的文献资

① 吴慰慈，董焱. 图书馆学概论［M］. 北京：国家图书馆出版社，2019.
② 肖希明. 文献资源共享理论与实践研究［M］. 南宁：广西教育出版社，1997.

源共享项目，例如，"上海市文献资源共建共享协作网""中国科学院网上文献信息共享系统工程"等。

20世纪90年代后，由于图书馆数字化、信息化、网络化的快速发展，文献资源共享的概念已经不能够完全涵盖图书馆的具体实践，于是"信息资源共享"开始成为一个新的广为流行的专业术语。一些学者认为："所谓信息资源共享，是指图书馆在自愿、平等、互惠的基础上，通过建立图书馆与图书馆之间或图书馆与其他相关机构之间的各种合作、协作、协调关系，利用各种技术、方法和途径，开展共同揭示、共同建设和共同利用信息资源，以最大限度地满足用户信息资源需求的全部活动。"①

1999年1月国家图书馆召开全国文献信息资源共建共享协作会议，2000年3月成立"全国文献资源共建共享协调委员会办公室"，作为一个专门机构来组织、策划全国文献资源共建共享，并负责指导建立各地的文献资源共建共享工作。

第二节　图书馆文献信息资源共建共享服务模式

多年的理论和实践研究表明，图书馆联盟是信息资源共建共享的主要模式，图书馆联盟不同于协会，不是一个行业性的组织，也有异于学会，它并不以学术研究为目的。它是指为了实现资源共享、利益互惠的目的而组织起来的，受共同认可的协议和合约制约的图书馆联合体。图书馆联盟是图书馆在现代社会中的生存模式，也是当今图书馆的发展方向。本节试对国内外图书馆联盟的主要模式进行阐述，以期对中小学图书馆文献信息资源的共建和共享有所启示。

一、国内主要模式

(一) CALIS 模式

中国高等教育文献保障系统(简称 CALIS)是国家教育部"211工程""九五""十五"及常规运维经费支持"三期"建设的面向所有高校图书馆的公共服务基础设施，通过构建基于

---

① 程焕文，潘燕桃. 信息资源共享[M]. 北京：高等教育出版社，2016.

互联网的"共建共享"云服务平台——中国高等教育数字图书馆，制定图书馆协同工作的相关技术标准和协作工作流程、培训图书馆专业馆员、为各成员馆提供各类应用系统等，支撑高校成员馆间的"文献、数据、设备、软件、知识、人员"等多层次共享，已成为高校图书馆基础业务不可或缺的公共服务基础平台，并担负着促进高校图书馆整体发展的重任。CALIS 于 1998 年 11 月正式启动建设，目前注册成员馆逾 1800 家，覆盖除台湾省外中国 31 个省（自治区、直辖市）和港澳地区，成为全球最大的高校图书馆联盟。

1. 总体目标

CALIS 项目的总体目标是以国内外各类信息服务机构、教学科研机构以及各类信息网站丰富的信息资源和应用服务为基础，以先进的技术为手段，构建整合全球资源及其服务的中国高等教育数字图书馆，持续服务于我国的高等教育乃至全民教育，促进全球学术交流。

2. 发展愿景

（1）引领新时代图书馆建设，推动高校图书馆整体发展。

（2）持续建设、完善支撑高校图书馆发展的公共服务体系。

（3）建设支撑新时代图书馆建设的新业态、新模态，帮助图书馆掌握未来发展的自主权、主动权、发言权。

经过 20 余年的建设，CALIS 引领和带动我国高校图书馆由原来的单馆保障转变为联合保障、资源共享，形成了"集中资源、分工合作、均衡负载、用藏结合"的高效的 CALIS 服务体系，建立了共建共享的机制，锻炼和培养了一大批数字图书馆建设和服务人才。

3. 运行模式

CALIS 由设在北京大学的 CALIS 管理中心负责运行管理。CALIS 的骨干服务体系由四大全国中心（文理中心——北京大学，工程中心——清华大学，农学中心——中国农业大学，医学中心——北京大学医学部）、七大地区中心（东北——吉林大学，华东北——南京大学，华东南——上海交通大学，华中——武汉大学，华南——中山大学，西南——四川大学，西北——西安交通大学）、除港澳台之外的 31 个省级（省、自治区、直辖市）中心和 500 多个服务馆组成。这些骨干馆的各类文献资源、人力资源和服务能力被整合起来支撑着面向全国所有高校的共享服务。

CALIS 管理中心负责整个服务体系的管理，全面整合国内学术资源及其相关服务，有选择地整合国际上重要的学术资源及其相关服务，承担中国高等教育数字图书馆的各类数据库及应用系统的运行，组织各类馆员业务培训，为 CALIS 服务体系提供技术支持。CALIS 管理中心下设六个业务部门和一个中心办公室，包括项目管理部、联机合作编目中心、技术中心、信息服务部、资源数据库、系统部和中心办公室。CALIS 全国中心负责相关大学科的文献最终保障服务和联合参考咨询服务，整合高校系统外机构相关学科的资源与服务，承担馆员培训的实习任务，运行大学科领域服务平台。CALIS 地区中心负责本地区的文献保障服务和联合参考咨询服务，整合本地区高校系统外机构的资源与服务，承担馆员培训的实习任务，运行地区级服务平台。CALIS 省级中心负责本省文献信息保障系统的建设，承担省级信息服务平台、基础共享平台、数据交换平台的运行，组织本省业务与服务培训，承担馆员培训的实习任务。CALIS 共享域中心负责对域内的共享资源和服务进行管理与运行维护，部署有共享软件平台的共享域中心，还承担域内共享软件平台的运行。各级中心之外的其他服务馆是 CALIS 某一类具体服务（如：馆际互借与文献传递、参考咨询）的提供馆，负责按照统一的服务管理规范对外提供服务，积极配合 CALIS 管理中心、全国中心、地区中心、省级中心及共享域中心的工作。

4. 主要内容

为了全面揭示高校的馆藏，CALIS 重点建设了联合目录数据库、西文期刊目次数据库等，最大限度地实现了书目及人力资源的共享。CALIS 联合目录数据库的主要工作围绕着书刊书目数据的建设和服务展开，包括书目记录、印刷型图书和连续出版物、古籍、数字资源、其他非书资料等多种文献类型，涵盖中、西、日、韩、阿拉伯文等 100 多个语种，内容囊括国家普通高校全部二级学科，90% 以上的三级学科，数据标准和检索标准兼容国际标准。

CALIS 还通过多种方式（如：网上抓取、建立链接等）为书目数据配上封面、内容提要、目次、全文等，加强了目录的服务文献传递功能。

CALIS 西文期刊目次数据库是支撑西文期刊服务的基础数据库。西文期刊服务平台不仅提供论文的目录检索，还整合了高校纸本期刊和电子期刊，可提供西文期刊的导航，包括纸本期刊导航和电子期刊导航。该服务系统与 CALIS 文献传递系统无缝链接，除了可直接下载电子全文外，对无电子全文或无权限下载电子全文的用户可以直接提交文献传递请求。对于大多数高校都存有的且图书馆建设意愿强烈的信息资源，CALIS 采用单独立项、多馆合作的方式，在引导图书馆建设自有资源的基础上搭建共建共享平台，如：高校学位论文数据库、教学参考书数据库、高校古文献数据库等。CALIS 设有特色库项目，引导图书馆以数字化的形式挖掘展现特色馆藏资源。考虑到图书馆自我保障能力有限，CALIS采用补贴成员馆联合购买外文资源的方式，逐渐形成可以弥补全国高校图书馆整体文献资源的共享式和保障式外文资源。

共享式外文资源建设用于引导和支持成员馆以"协调采购、集中共享"方式购买不重复的外文全文文献资源。保障式外文资源建设用于单校使用量小、不适宜集团采购的资源，由CALIS全国中心和地区中心至少购买一套作为基础保障。通过将目录加入CALIS学术资源发现体系的方式，供全国共享。此外，CALIS还通过即用即付方式与商家合作，将其资源纳入CALIS联合保障系统。

为了提高CALIS的影响力和知名度，培养用户群，经过三期的建设，CALIS可为高等教育领域的最终用户提供资源查找、代查代检、原文获取、课题咨询、联合问答、统一认证、个性门户等服务。

为了支持成员馆扩充服务功能，提升服务能力，改善对成员馆用户的服务环境，CALIS还面向信息服务机构提供标准规范、业务培训、数据服务、注册服务、业务系统服务、接口服务、本地系统租用等服务。

（二）CADAL模式

大学数字图书馆国际合作计划（以下简称CADAL）的前身为高等学校中英文图书数字化国际合作计划。CADAL与中国高等教育文献保障系统（CALIS）共同构成中国高等教育数字化图书馆的框架。

1. 愿景和使命

CADAL项目建设的总体目标是构建拥有多学科、多类型、多语种海量数字资源的，由国内外图书馆、学术组织、学科专业人员广泛参与建设与服务，具有高技术水平的学术数字图书馆，成为国家创新体系信息基础设施之一。

2. 运行模式

CADAL项目由国家投资建设，作为国家"211"重点工程，由浙江大学联合国内外高等院校、科研机构共同承担。

CADAL项目实行项目管理委员会领导下的法人负责制，在浙江大学建立项目管理中心作为本项目实施的执行机构。项目管理中心负责项目建设的管理，协调项目建设中的有关事宜，监督检查项目执行的情况。项目管理中心下设秘书处、技术部、服务部、资源与数据部、培训与质量控制部、对外合作与交流部、应用与研发部等办事机构。

3. 主要内容

CADAL 项目一期建设 100 万册(件)数字资源,国家投入 7000 万元,美方合作单位投入约 200 万美元,"十五"期间已经完成。一期建设由浙江大学和中国科学院研究生院牵头,北京大学、清华大学、复旦大学、南京大学等 16 所高校参与建设。建成两个数字图书馆技术中心(浙江大学和中国科学院研究生院)和 14 个数字资源中心(北京大学、清华大学、浙江大学、复旦大学、南京大学、中国科学院研究生院、上海交通大学、西安交通大学、武汉大学、华中科技大学、吉林大学、中山大学、四川大学和北京师范大学),形成一套成熟的支持 TB 量级数字对象制作、管理与服务的技术平台,探索多媒体、虚拟现实等技术在数字图书馆中的应用,推动我国数字图书馆技术达到国际领先水平,为数字图书馆建设与服务的可持续发展奠定了资源和技术基础。

CADAL 项目二期建设 150 万册(件)数字资源,主要包括中文古籍 10 万卷(件),民国文献 10 万册(期)(包括民国图书 2 万册、民国期刊 7 万期、民国报纸 1 万期),中文图书 20 万册,中文报纸 20 万期,外文图书 20 万册,外文技术报告 10 万篇,地方文史资料 30 万件(包括满铁资料 10 万件、侨批 5 万件、地方志 5 万册、少数民族资料 10 万册),图形图像 25 万件(包括书画、篆刻、动漫、年画、连环画等艺术作品,标本、切片、手稿等研究素材),声像资料 5 万件。

CADAL 项目建设的数字图书馆提供一站式的个性化知识服务,将包含理、工、农、医、人文、社科等多种学科的科学技术与文化艺术,以及包括书画、建筑工程、篆刻、戏剧、工艺品等在内的多种类型媒体资源进行数字化整合,通过因特网向参与建设的高等院校、学术机构提供教学科研支撑,并与世界人民共享中国学术资源,宣传中国的文明与历史,具有重大的实用意义、研究价值和发展前景。

(三)CASHL 模式

CASHL 是中国高校人文社会科学文献中心(China Acade:rruc Social Sciences Humanities and Library)的英文简称,该项目是根据高校人文社会科学的发展和文献资源建设的需要引进专项经费建立的,于 2004 年 3 月启动。

1. 愿景和使命

CASHL 的宗旨是组织若干所具有学科优势、文献资源优势和服务条件优势的高等学校图书馆,有计划、有系统地引进国外人文社会科学图书、期刊和数字资源,借助现代化的服务手段,为全国高校的人文社会科学教学和科研提供高水平的文献保障,是全国性的唯一的人文社会科学外文期刊保障体系。

2. 运行模式

CASHL 形成了由 CASHL 项目指导委员会、CASHL 管理中心、CASHL 中心馆馆长联席会、CASHL 专家咨询组及 CASHL 各业务工作组组成的管理体系，由 2 个全国中心、7 个区域中心、8 个学科中心、34 个服务馆、855 个成员馆组成的服务体系，为系统收藏资源、有效提供服务提供保障。各管理机构的具体职责分别为：CASHL 项目指导委员会审核 CASHL 资源和服务发展规划和实施方案，制定 CASHL 项目管理办法及经费使用办法，批准年度经费预算，签订业务委托协议，指导 CASHL 开展各项工作，决定重大活动和重要人事任命；CASHL 管理中心负责成立专家咨询组，召开中心馆馆长联席会议和工作会议，承接任务，管理与协调 CASHL 各中心，推动项目的整体发展；CASHL 中心馆馆长联席会参与 CASHL 的管理和协调工作；CASHL 专家咨询组的主要职责是加强对 CASHL 整体规划的协调和指导，使 CASHL 的发展规划、工作评估、资源发展、服务发展等更加科学合理。

3. 主要内容

截至 2020 年 9 月，CASHL 可供服务的人文社科核心期刊和重要期刊达到 2 万余种，纸质图书达 200 余万种，数字资源数据库达 12 种，累计提供文献服务近 2200 万件，其中，手工文献服务已突破 130 万次，文献平均满足率达 96.29%，服务时间缩短为 1.87 天，大大提高了外文图书的利用率，充分发挥其效益。除此之外，CASHL 还提供"高校人文社科外文期刊目次库"和"高校人文社科外文图书联合目录"等数据库，提供数据库检索和浏览、书刊馆际互借与原文传递、相关咨询服务等。CASHL 服务辐射面也进一步拓展，CASHL 目前已拥有 881 家成员单位，个人注册用户逾十万个，CASHL 服务惠及上千万用户。

二、国外主要模式

（一）OCLC 模式

联机计算机图书馆中心（以下简称 OCLC）是一个非营利的图书馆合作会员制组织。美国俄亥俄州 54 所大学的校长和学院的院长于 1967 年共同创立了一个州内大学图书馆的合作联盟，目的是共享资源与降低成本，最初名称为俄亥俄大学图书馆中心（Ohio College Library Center），1981 年改为现名。

1. 愿景和使命

自成立 50 余年来，OCLC 始终恪守一条明确的宗旨，即"致力于促进世界信息访问和减少图书馆成本"，通过会员制合作方式开展合作编目、馆际互借和文献传递、合作参考咨询等多种服务，形成了一种良性循环机制。这种机制促使其不断发展壮大，经过数十年的不断努力，OCLC 把服务扩大到全世界，其影响超过了规模庞大的美国国会图书馆。

OCLC 的使命是通过图书馆合作机制为人们提供知识，愿景是全球图书馆互联合作无障碍。多年来，OCLC 始终牢记自己的使命，通过开展研究，帮助各个机构克服面临的各种困难，他们通过共享服务，帮助图书馆更高效地运营，让他们能够集中更多时间和资源去实现目标。此外，OCLC 还提供成员图书馆所需的工具和数据，让他们能够兑现对所服务的社区和校园做出的承诺。

近十年来，OCLC 利用基于云技术的基础架构，构建全球网络连接各个图书馆，共同管理和共享全球知识，并形成致力于图书馆事业价值的群体。

在发展过程中，OCLC 始终坚持以协作为基础，从最初美国俄亥俄州 54 所大学图书馆组成的高校图书馆网络，发展成为全球 100 多个国家和地区的成千上万个不同类型的图书馆、博物馆和信息机构组成的合作网络。

在加强与图书馆合作的同时，OCLC 还不断加强与大学、出版社、数据库集成商、电子书提供商、非营利性的数字化项目、基金会、网络公司等的合作，从而推进图书馆在新时代信息资源和信息技术的共享与协作。

2. 运行模式

从管理方式上可以看出，50 余年来，OCLC 建立并逐步完善了一整套会员制管理机制。OCLC 的成员馆通过这种机制得以行使自己的职责和权利，从宏观上监管 OCLC 章程的执行情况、经营策略以及未来发展趋向等。OCLC 监管机制自下而上由 OCLC 的成员馆、地区理事会、全球理事会、董事会组成，所有管理成员馆通过选举地区理事会和全球理事会的代表来行使监管 OCLC 的权利。

把管理成员馆融入 OCLC 的监管机制，从根本上改变了用户和 OCLC 的关系。这种机制可以使成员馆有一种归属感，因为这是会员和会员组织的关系，而不再是买和卖的关系。同时，OCLC 也注重广泛听取成员馆的意见和建议，对图书馆的市场需求进行深入了解，从而改进和开发更多的信息产品和服务项目，更好地为图书馆服务。这种会员管理制度使得 OCLC 得以持续发展，不断进步。

在美国，联邦政府、州政府及市政府对于非营利机构在营运上给予优惠政策。美国联邦税务法规定，非营利机构不是不能"赢利"，但是收入的剩余不能分配给机构的领导人、股东或职员。对于非营利机构而言，机构的所有权被分散，同时，法律也不允许将剩余收入在私人之中分配，而必须将这些剩余收入投入再生产或捐助公益项目。

正是由于这些规定，OCLC 将所得的盈余全部投入对现存的产品与服务的改进、新产品和服务的开发与研究、技术创新与拓展、资助会员项目、设立奖学基金等，帮助 OCLC 持续不断发展。

OCLC 不以营利为自身存在和经营之目的，自始至终以"促进世界信息访问和减少图书馆成本"作为自己的服务宗旨，紧紧围绕图书馆在不同时期的发展需求为其提供各类高水平的服务。OCLC 靠着传统的协作精神，与世界各国图书馆共同构建了一个"无墙的图书馆"，一个"全球村图书馆"，一个不受空间和时间限制的图书馆网络。

OCLC 重视科学研究和可持续发展，于 1978 年成立研究部，致力于应对图书馆在瞬息万变的信息技术环境中面临的各种挑战。每年 OCLC 都会投入 1000 万美元以上的经费开展研究工作。OCLC 研究部有三个角色定位：一是为图书馆档案领域研究驱动进步提供支持；二是为 OCLC 提供先进的开发和技术支持；三是加强 OCLC 与成员馆之间的互动参与，并动员社会各界合作解决共同关心的问题。

OCLC 注重学术研究和开发工作，目的是改善世界信息资源的获取和共享。OCLC 与大学或研究机构合作开展各种研究项目，每年发表 10 篇左右的研究报告，尤其是会员报告，报告一经问世立刻成为人们关注的焦点。OCLC 的研究报告都可以在 OCLC 网站上免费下载全文，有些报告还被翻译成其他语种，如：中文、西班牙文、法文、德文等。

OCLC 还单独或联合美国图书馆协会、国际图书馆协会联合会（IFLA）、美国图书馆与信息科学教育协会（ALISE）等机构，为图书馆员提供多种多样的职业发展机会与奖学金，或者为发展中国家的图书馆及信息科学的专业人员提供早期职业培训及继续教育，以推动图书馆及信息科学的研究，促进图书馆事业的发展。

3. 主要内容

作为世界上最大的图书馆合作组织，OCLC 为图书馆提供了全方位服务，基本涵盖了图书馆的所有业务层面，内容包括采访编目、数字资源建设、参考咨询、馆际互借与文献传递、发现服务、图书馆管理系统等。

OCLC 的核心业务之一是 OCLC 世界书目，简称 WorldCat。WorldCat 的前身是 OCLC

在线联机目录。1971 年 8 月 26 日，美国俄亥俄大学奥尔顿图书馆成功通过 OCLC 合作编目系统对 133 本图书进行联机编目，成为世界上第一个联机编目的图书馆，OCLC 在线联机目录数据库也随之产生。1996 年，OCLC 在线联机目录改名为 WorldCat，取义于世界书目。随着数字信息资源的迅猛发展和逐渐普及，WorldCat 的内涵也发生了质的变化。依托全球的 OCLC 成员馆单个的、区域的和国家级项目，以及与出版社、数据库集成商等的合作，WorldCat 中央索引库包含了全球图书馆的合作馆藏。它不仅全面展示了图书馆拥有的实体信息资源，同时也展示了数字信息资源，包括联合目录数据库、世界书目网站、联机合作编目系统、OCLC 批处理上传书目记录服务和世界书目知识库。它的主题范畴广泛，并以每年 200 万条记录的速度增长。

OCLC 的另一核心业务是 OCLC 世界共享集合。世界共享集合是一套建立在云技术软件平台上的集成应用程序集合。这个平台拥有合作技术基础架构，使得世界书目数据和世界共享集合应用程序都可以在该平台协同工作。该集合包括两个部分，一是世界共享集合管理服务（简称 WMS），有世界共享集合馆际互借服务、世界共享集合元数据管理、世界共享集合许可管理器、世界书目本地一站式发展服务 4 个子服务；另一个是世界共享集合创新平台，用于支持 OCLC 网络规模及服务和应用程序，使用户可以通过各种应用程序接口（API）和其他网络服务灵活、开放地访问图书馆数据。

（二）OhioLINK 模式

美国俄亥俄州图书馆与信息合作网（以下简称 OhioLINK）是由该州大专院校图书馆和州图书馆组成的资源共享联盟。

1987 年，俄亥俄州大学校务委员会针对州内 13 所州立大学图书馆增加图书馆空间及馆藏的要求，建议尽快建立一个全州性的电子图书目录系统，以便通过信息资源共享来应对经费短缺和信息剧增的挑战，满足师生员工及其他用户对图书和信息的需求，并建议成立一个由图书馆员、教师、行政和计算机系统管理人员代表组成的指导委员会，探讨并起草具体计划。1990 年，美国图书馆集成管理系统 Innovative 公司被选定开发系统软件，数字设备公司提供计算机硬件。首批参与的 18 个成员单位于 1991 年陆续开始安装各自的本地系统。1992 年 11 月，合作网中央书目库建成使用；1994 年，18 个成员单位全部安装完毕本地系统，在线馆际互借系统开始运作；俄亥俄合作网的成员单位从最初的 18 个增加到上百个。OhioLINK 成员包括各种类型的机构，既有学术研究图书馆，也有州立图书馆，还包括神学院、艺术和音乐学院、法律和医学图书馆等。俄亥俄合作网的服务受到极大欢迎，效益显著。

1. 愿景和使命

OhioLINK 的最初目标包括五项内容：一是使共建共享的图书馆馆藏更易于获取；二是扩大获取电子信息的途径；三是提高信息基础设施的使用程度；四是改善和促进学术交流；五是提高电子信息资源的购买和使用量。

随着信息技术的快速发展和高等教育的演变，互联网和电子图书的发展，以及终生教育和远程教育的普及，OhioLINK 成员意识到，OhioLINK 作为一个联盟要保持经济有效的持续发展，要进一步破除狭隘的本位主义，建立互利互惠的合作，要使 OhioLrNK 所提供的信息和获取途径达到充分的而非限定的、全面的而非经选择的、立即的而非延迟的、整体的而非部分的目的。

2. 运行模式

OhioLINK 的管理架构是由一个管理委员会主导全局，并委托一个执行主任在两个理事会的协助下主管合作网的具体运作。执行主任配有一套工作班子，负责中央系统的日常工作。两个理事会下辖四个常设委员会和一个联席会，各常设委员会又根据需要组建特别工作组、兴趣团体或工作小组，探讨和解决专门问题。

OhioLINK 的经费来源主要是州政府的财政拨款，主要包括两个部分：（1）资产拨款主要用于支付中心系统的硬件设备和软件、网络维护、参考资料库等。最初还须支付各参与单位的原始主机硬件设备，各成员单位自行负责其校园网络的建设和工作站购置，未来软件的维护、硬件的更新升级，以及非基本模块的特殊要求或其他软件功能的升级等。（2）运作拨款用于支付 OhioLINK 中央系统的人员、办公设备、管理、软件维护、资料库签约等。

OhioLINK 是以州为单位组建的图书馆联盟模式，其优点在于同属州政府行政体系，容易达成共识和取得经费。其系统设计充分利用计算机技术的最新成果，兼顾整体的一致性及个体的灵活性，以便达到虚拟集中和实体分享的目的。OhioLINK 的经验表明，纸质信息资源仍然是人类知识的主要载体和学术研究的主要资料，快速、有效的馆际互借仍然是资源共享的重要手段之一，但是数字化资源正在改变这种局面，数字化文献传递后来居上。联盟式采购具有强大的谈判优势和经济效益，尤其是在采购和租用数字资源时。OhioLNK 合作的成功还有赖于参与的图书馆愿意投入人力与时间，具备高度的专业责任感和良好的合作精神。此外，合理的组织管理机构，完善的政策、程序、规章、制度、技术标准等都是该系统得以有效运行的重要保证。

3. 主要内容

OhioLINK 的骨干是它的中心系统，包括中央书目库和各种数据库。成员机构有各自的本地系统，拥有一个独立的图书馆系统应有的所有功能。两者互相结合，构成一个强大而又灵活开放的合作系统。

中央书目库兼具联合目录和馆际互借的流通功能。它的书目资料来自本地系统，但不重复本地系统的记录，而是就相同的书目仅存一条记录，但保存各馆订购、修改、流通状态等信息，并可以实现线上及时更新。

中央书目库及其馆际互借功能是俄亥俄合作网最基本和最先实现的产品和服务，成效显著。

电子资料的快速增加和广泛使用显示了 OhioLINK 的巨大潜力。近年来，OhioLINK 增加的产品和服务包括电子资料库、电子杂志中心、数字媒体中心、电子图书中心（EBC）、电子硕博士论文中心（ETD）、在线音乐中心、检索辅助工具库、数字化资源园地（DRC）等。

（三）Minitex 模式

美国明尼苏达信息资源共享网（以下简称 Minitex）是为明尼苏达、南达科他和北达科他三州的 200 多家不同类型图书馆提供馆际互借的服务机构。与其他类似的机构相比，它的最大特点是没有自己的藏书，也没有自己的中央书目数据库，而是完全利用参与图书馆的信息资源，通过文献传递服务达到提高文献资源的利用率，避免重复购买，节省有限经费的目的，在美国图书馆的馆际互借服务中独树一帜，受到广泛好评。

明尼苏达州的高等教育比较发达，有各类大学和学院 114 所，明尼苏达大学（以下简称"明大"）是该州唯一的一所研究型大学，建于 1851 年，在全美公立研究型大学中名列前茅。明大有为社区服务的传统，而且早在 20 世纪 60 年代就实行了开放政策，但当时的开放程度十分有限。如何让其他地区的师生甚至公众都可以使用明大的图书馆馆藏，成为一个非常有意义的问题。最早提出建立 Minitex 模式的是明大图书馆馆长斯坦福（Edward B. Stanford）。他认为明州的每个公民都应有机会和权利使用明大丰富的藏书，并提议明大图书馆应当利用自己的特长为全州的居民，特别是为偏远地区的居民提供服务。根据斯坦福的建议，明大图书馆共挑选了不同地区、不同类型、不同服务对象的 11 家图书馆组成一个试验性网络，其中包括 4 所州立学院、2 所私立学院、1 所初级学院、2 所公共图书馆以及明大在外地的 2 所分校图书馆，允许用户通过这些图书馆向明大图书馆提出借阅请求。经过三个月的研究，明大决定于 1969 年 1 月 2 日正式开始这项富有创意的试验，该试验被命名为"明州馆际互借电传请求试验项目"（缩写为 Minitex）。试验结果表明，Minitex 在技术和管理上是可行的，Minitex 受到极大欢迎，于 1971 年正式建立。

1. 愿景和使命

在建立之初，Minitex 的使命是：（1）使全州居民能最大限度地平等利用州内所有的图书馆文献资源；（2）通过用户对图书文献的利用使得各参与图书馆最有效地使用有限的购书经费；（3）帮助明州各类图书馆提供它们不能提供的服务。2010 年，Minitex 再次提出了新的愿景和使命——让图书馆在知识社区繁荣兴旺；用信息、观念和经验将图书馆与每个个人紧密联系，以丰富个人生活，加强社区建设，并提出了专注、合作、创新三个指导原则。Minitex 不断地调整服务范围和项目，2015 年，Minitex 提供的服务包括明尼苏达数字图书馆、资源共享与文献传递、咨询服务、继续教育、编目及元数据编目服务、明尼苏达图书储藏中心、集团采购。

2. 运行模式

Minitex 的管理架构包括明州高等教育委员会、明尼苏达大学图书馆和 Minitex 顾问委员会。明州高等教育委员会负责制定重大方针政策、拨款、审批特殊项目，向州议会和州长汇报 Minitex 的年度状况和来年的任务。Minitex 主任直接对明州高等教育委员会负责。受明州高等教育委员会的委托，明大图书馆负责 Minitex 的行政管理，Minitex 主任在行政上接受明大图书馆馆长的领导。Minitex 的所有工作人员属于明大图书馆的人员编制。

在运作模式上，Minitex 的指导原则是：（1）深信有效的内部沟通和交流非常重要；（2）相信 Minitex 的服务会因为工作人员丰富的知识而得以加强；（3）致力于客户服务，致力于发展成员馆之间的密切合作，努力实现高效率和最大效益；（4）致力于带领成员馆在复杂和不断变化的图书馆界与时俱进，通过合作来发展和分享专业特长及创新举措；（5）与明尼苏达大学的合作使 Minitex 实力更强，Minitex 将努力以最有效的方式充分利用明大丰富的馆藏资源。Minitex 的经费来源包括政府拨款和服务性收入。

3. 主要内容

随着数字技术的日益普及和广泛使用，除了保留原有的文献传递和咨询服务之外，Minitex 还提供了明尼苏达数字图书馆、资源共享与文献传递、咨询服务、集团采购、继续教育和培训、编目及元数据编目服务以及明尼苏达图书储藏中心等新服务项目。

　　明尼苏达数字图书馆是共享有限资源在数字时代的新生事物。1993 年，Minitex 以集团购买方式，为明大图书馆购买了 2500 种在线期刊数据库和 1300 种全文期刊数据库，以后又为其他机构购买了大量数字信息资源。由于数字资源是一种比其他形式资源更容易实现共享的资源，于是 Minitex 把明尼苏达数字图书馆所有图书馆所拥有的数字资源整合成一体，建成了明尼苏达数字图书馆。凡持有图书馆借书卡的明州居民，可以在任何地方、任何时候利用明尼苏达数字图书馆丰富的信息资源。

　　资源共享是 Minitex 的初衷，由此带来了文献传递，这是 Minitex 提供的最基本的服务。电子文献传递作为文献传递的新形式开始于 1999 年。Minitex 虽然不直接接受个人请求，但是电子文献传递系统可以将请求文献直接传送到用户的电脑上。

　　1973 年，Minitex 正式成立了咨询服务部。Minitex 的集团采购开始于 1988 年，当时其成员单位已经超过 200 个，Minitex 通过集团采购方式为成员馆节约大量办公经费。集团采购包括两个方面：一方面是数字信息资源的采购，另一方面是图书馆必需品的采购。

　　为了让成员馆的工作人员能够更好地适应图书馆界的新思路、新发展和新趋势对图书馆服务的更高挑战和要求，Minitex 肩负起对成员馆工作人员开展继续教育和培训的任务。为了促进图书馆员之间的信息交流，介绍图书馆和信息技术方面的最新进展，Minitex 经常邀请著名专家学者进行讲学。同时，Minitex 还经常召开电话会议，向成员馆通报图书馆行业及其相关应用技术的进展。

　　为了帮助成员馆解决编目人员锐减、任务繁重、待编图书积压等各种问题，Minitex 还向成员馆提供有偿的纸质及数字信息资源的分类编目服务。

　　2000 年，明州政府出资修建了一座大型的、温湿度可控制的、仓储式密集书库，以保护和保存全州各个图书馆中重要但不常用的图书资料，由 Minitex 负责日常管理和提供服务。

　　Minitex 模式证明，不同类型图书馆之间的信息资源共享不仅是可能的，而且可以互补。Minitex 的经验还表明，信息技术为图书馆的资源互补提供了强大的技术支持，使得资源共享与互补的范围几乎可以无限制地扩大。通过信息资源共享，可以让有限的资源发挥更大的作用。

（四）NACSIS 模式

　　NACSIS 即日本学术情报中心，1986 年由东京大学文献情报中心改组扩充而成，隶属于文部省，是日本全国性综合信息共享系统，也是日本文献资源保障体系的中枢。由全国国立、公立、私立大学等共同参加，以人文、社科、自然科学等领域的学术信息为对象，将各大学图书馆、信息中心等连接起来，为研究者提供所需要的学术信息。经过数十年的发展，NACSIS 已经覆盖了日本所有的大学，资源共享涵盖学术信息网络、联机编目与联合书目数据库、馆际互借、信息检索、电子图书馆、国际交流与教育培训等领域。但 NACSIS 是由日本政府将各个图书馆的各种二次目录信息集中而建立起来的"书目共同体"，无独立的藏书体系。

1. 愿景和使命

NACSIS 建立的目的是连接日本全国大学的图书馆和其他信息机构，共享收藏的信息资源，并为这些机构的研究者之间交换学术信息提供网络服务。

2. 运行模式

NACSIS 是一个独立的机构，隶属于文部省，有固定的专业技术、管理和科研人员，有充足的经费来源，因是国立单位，在职人员都是国家公务员。具体组织机构的设置和人员安排如下：所长、副所长各一人，设网络、数据库、综合目录、经费、纪要编辑五个委员会，管理、事业、教育培训、研究开发四个部。

管理部，下设总务科、会计和共享科；事业部，下设系统管理科（系统管理、系统业务）、网络科（网络管理、网络运行、国际事业）、数据库科（数据库管理、文献数据库、电子图书馆、数值图像数据库、研究者信息、调查）和目录信息科（图书目录信息、期刊目录信息、相互合作）；教育培训部，下设培训科（规划、指导业务）和学术信息系统教育室；研究开发部，下设四个研究室：（1）学术信息研究室，有信息图书馆学、信息管理学、数据库、信息利用学、记号科学五个研究组；（2）系统研究室，有系统工程学、软件工程学、网络工程学、国际信息流通系统、综合多媒体处理系统、超高速通信方式和超高速图像信息处理七个研究组；（3）开发研究室，有综合、高品质网络开发和全文目录三个研究组；（4）研究动向调查室，有人文社会、理工、生物三个研究组。

3. 主要内容

NACSIS 提供的服务包括联合书目数据库服务和信息检索服务，联合书目数据库服务包括目录系统和馆际互借系统。目录系统（NACSIS – CAT）是全国大学图书馆书刊馆藏联合目录数据库系统，可以提供日文、西文图书联合目录和日文、西文期刊联合目录四个数据库的服务。馆际互借系统（NACSIS – ILL）则是充分利用目录系统中建立的联合目录数据库开展业务，迅速、准确地向研究者提供文献。信息检索服务（NACSIS – IR）积累了人文、社会科学、自然科学诸领域的数据库数万条学术信息。NACSIS 的数据库包括自建的数据库、从数据库公司引进的数据库和机关、研究者等建成的各种专题数据库，提供网上检索服务，迅速、准确地为研究者提供他们所需要的学术研究信息。

为了促进日本全国的大学、研究机构学术信息的交流，NACSIS 建立了学术信息网络（SINET），用以连接各个研究者终端的学术研究信息通信网，使各学校校园网相互连通。电子图书馆服务（NACSIS - ELS）是将学术杂志的论文直接电子化，和书目信息同时检索的信息服务，具有二次文献数据库的检索功能和文献页的显示功能，杂志的封面和论文页均可以直接显示，用户可以以标题、作者作为检索点进行检索，可以从杂志封面和目录查找文章、下载并打印。

NACSIS 还与英国收藏日本语资料的主要研究者合作，双方可以相互检索彼此的书目信息。与英国图书馆文献中心的馆际互借系统连通，可向英国图书馆直接申请文献复印和网上借阅。NACSIS 还向海外提供信息检索服务。

第三节　图书馆文献信息资源共建共享服务的意义

一、减少重复建设和遗漏

面对当今各类文献信息资源数量的急剧增长、价格上涨及用户需求的不断增加，限于经费、空间等客观因素，任何图书馆都不可能全面收集所有资源，几乎所有图书馆都面临经费不足的问题。而在缺乏整体规划和合作协调的情况下，每个图书馆只能以完善自身信息资源建设体系为主要目的进行采集。这种各行其是的信息资源建设方针所导致的必然结果就是各馆的资源一方面会相互重复，缺乏自身特色，另一方面又会遗漏许多重要的、有价值的文献，从而大大降低整体信息资源的完备性和保障能力，同时从整体上看会降低经费的使用效率。信息资源共建共享的总要求是各馆要将本馆的信息资源看作整体信息资源的一部分，并纳入统一的信息资源体系加以规划和建设。各馆应致力于建设本馆有重点、有特色的信息资源体系，通过优化本馆的信息资源结构，使本馆的资源能够最大限度地完成本馆的服务任务并满足服务对象的需求。从宏观上看，这样做可以最大限度地减少信息资源建设的重复和遗漏，提高整体信息资源系统的保障能力。

二、利于投入的最优化使用

用有限的经费获取尽量多的资源，是信息资源建设过程中需要遵循的主要原则，目的是实现文献信息资源共建共享，使图书馆能够按照整体规划要求，集中购买能够体现本馆重点与特色的学科和类型的书刊资料文献，并保证其完整程度，避免将经费浪费在利用率较低的文献上。近年来，许多图书馆组建联盟，以集团购买的形式采集数字化资源，大大节约了信息资源建设的成本，提高了经费的使用效益，这也是信息资源共建共享行之有效的一种形式。中小学图书馆的资源经费向来不充裕，特别是一些欠发达地区的中小学图书馆甚至面临资源匮乏的困境，资源共享意味着每一所中小学图书馆都不必购买所有的文献信息资源，可以通过互联网或其他有效途径访问更多的资源，可以在丰富资源的同时，大大缩减投入，或者将有限的经费投入到最有效的方面。

三、大幅度提高馆藏资源的利用率

由于空间、经费等原因限制，每个图书馆的资源都是有限的，用户的需求又是不断变化和日益增加的。大多数图书馆会存在信息资源不足以满足用户需求的情况，同时也会存在馆内部分资源利用率较低的情况。通过文献信息资源的共建共享，可以大大扩大图书馆的用户范围，使其面对的不仅是本馆用户，而且面向所合作的各个信息机构的用户。这样一来，一些对于本馆用户来说利用率不高的资源很有可能是其他馆用户所需要的。通过文献信息资源共建共享，不但可以把图书馆利用率低的资源进行盘活，提高馆藏资源的利用率，而且还可以在更大范围内提高用户的满足率，更好地满足用户的资源需求。

四、有利于实现信息获取公平

文献信息资源共建共享的最终目的是保障社会的全体成员能够无障碍地获取信息资源。平等、自由地获取信息，是我国宪法赋予每个公民的重要权利。由于我国存在不同地区经济、文化发展不平衡的状况，发达地区的信息资源比较丰富，而欠发达地区则信息资源缺乏，信息资源分布不均又会加大经济、文化发展的差距，从而影响社会的和谐发展。信息资源共建共享，实质上是对信息资源在全社会进行合理配置，有利于消除地区间的信息鸿沟，保障每个公民的基本文化权利，进而促进社会的和谐发展与全面进步。长期以来，重点中小学图书馆与普通中小学图书馆、城市中小学图书馆与乡村中小学图书馆在各类资源分配中存在不平衡，通过信息资源共享能够在一定程度上缩小这些差距，为资源不够发达的中小学提供丰富、优质的资源，提升教师的教学水平，拓展学生的知识视野，是实现教育公平的重要措施之一。

第四节　中小学图书馆文献信息资源共享实践

一、中小学图书馆文献信息资源共享现状

笔者系统考察了学校图书馆的建设和使用情况，调查发现我国中小学图书馆普遍存在的问题包括：馆舍面积达到示范标准的比例不够理想，馆舍环境较差；图书、报刊等的馆藏数量和种类偏低，藏书质量与结构科学合理性不足；信息化基础较弱，馆藏以纸质资源为主，数字资源不足；专业化队伍匮乏，管理和服务水平不高；图书馆利用率较低，育人功能未充分体现；等等。①

为改善目前中小学图书馆资源建设存在的问题，近年来，已有部分省市进行了一些实践和探索，以期促进中小学图书馆的信息资源共享。下面列举两个典型的案例。

（一）深圳市中小学图书馆资源共享的"常青藤"计划

2014 年 12 月 7 日，深圳了启动《深圳市中小学图书馆"常青藤"建设行动计划（2014—2020）》（以下简称《行动计划》）。该计划由深圳市教育局、市文体旅游局共同启动。根据计划，深圳市将依托深圳市少儿图书馆的管理和资源平台，联合全市中小学图书馆，坚持公益原则，突破行政归属和区域限制，实现市少儿图书馆与全市中小学图书馆文献资源互联共享、图书资料通借通还，为师生高效获取或借阅文献资源提供优质服务。这也是深圳市教育系统全面实施《关于进一步提升中小学生综合素养的指导意见》，推动八大素养培育"四轮驱动"策略，整合教育和社会优质公共文化资源，推进学生"悦读计划"实施，提升学生综合素养的又一重大举措。

---

① 刘强，等. 中小学图书馆（室）建设与使用现状及改善策略——基于全国 169 所中小学校的调研［J］. 中国教育学刊，2018（2）：57－63.

"常青藤"联盟建成后，将建成相当于馆藏图书文献 2000 万册以上的"超级图书馆"。《行动计划》提出于 2014 年年底前首批加盟学校 50 所；2015 年起，3 年内推动每年 80～100 所学校加盟。同时，按照统筹规划、逐步推进的原则，加大基础设施及经费投入，2020 年前实现全市中小学"常青藤"计划全覆盖。其最终目标是创新构建深圳市中小学生图书文献资源"四平台一体系"，即深圳市中小学图书文献通借通还平台、深圳市少年儿童图书文献资源共建共享平台、深圳市中小学生阅读推广平台、深圳市中小学师生学习交流平台，打造具有深圳特色的少年儿童文献服务保障体系。

深圳市加强了中小学图书管理人员队伍的专业培训，每年举办"少儿阅读推广人培训班""中小学图书馆员业务培训班"等。截至 2017 年，全市中小学图书馆管理人员均经培训合格上岗。此外，《行动计划》还提出全市将建设 50 个以上特色馆藏学校图书馆，如：儿童绘本图书馆、少儿科学图书馆、少儿艺术图书馆、少儿外语图书馆等命名或挂牌，以适应学校特色发展和学生综合素养提升的需要。

(二) 郑州教育信息网

2007 年 10 月 30 日，郑州教育信息网数字资源库开通，新增了数字图书馆、电子期刊阅览室、文献制作发布等数字资源。郑州市中小学生有了数字图书馆，喜欢的图书、杂志在网上就能看。该数字图书馆包含 20 万册书籍，包含文化、科学、教育、文学等综合性图书，学生和教师可根据需要在线阅读。数字图书馆、电子期刊阅览室等数字资源是由郑州市教育局购买、安装的，各中小学开放电子阅览室，学生和教师都可通过登录网站共享资源。

绝大多数中小学图书馆规模比较小，且因馆藏量少、资源不够丰富、经费不足、运行机制不够完善、空间不足等制约了自身的发展。针对我国中小学图书馆建设的现状，建立图书馆联盟有助于促进中小学图书馆的工作和建设。主要考虑的因素：一是各中学图书馆和小学图书馆的服务对象相同，均为本校学生和任课教师；二是馆藏更有针对性，如：学生课外读物、教师备课及课外辅导书等；三是由于学校教育的特殊性，中小学图书馆联盟可由教育主管部门主管和协助管理。可见，建立中小学图书馆联盟是促进资源共享的有效途径。

二、中小学图书馆文献信息资源共享建议

参考国内外图书馆联盟的建设模式和经验，中小学图书馆联盟建设可围绕以下几个方面展开：

(一) 纸质资源建设方面

为充分挖掘区域资源，有效解决各中小学图书馆资源不足的现状，一是通过开展联合编目、共享编目结果，进而节约文献编目所消耗的人力、财力、物力等成本；二是协调联合采购，通过增加采购量来降低成本，共享规模采购带来的成本效益，从而降低成本，提高资金的利用率；三是进行馆际互借，扩大馆藏资源的利用范围，提高其利用率，满足用户需求。通过联盟内中小学图书馆的相互联动，形成图书共享，让图书流通起来，并逐渐形成机制，提高广大用户的满意度。

(二) 数字资源建设方面

建设一个数字化图书馆信息平台，该平台可以包括本区域中小学图书馆图书的资源目录、更新信息、流动信息、需求信息、反馈信息等，教师和学生可以通过这个平台便捷地找到所需要的信息，家长也可以登录这个平台参考教师意见，为孩子购买所需的参考资料。同时，要着力完善在线阅读功能，使广大教师和学生可以随时查阅各类信息，阅读所需要的书籍。

(三) 人才资源方面

由于各学校专业人员分布不均，少数学校积累了一定数量的专业人才，而大部分中小学图书馆缺乏专业人员。为此，一是进行业务辅导培训，帮助条件相对落后的图书馆完善工作秩序，提升业务水平；二是进行工作人员合理流通，推动人力资源较好的图书馆向人力资源较差的图书馆提供定向精准帮助；三是要重视对平台技术支持专业人员的培养和流动。

此外，中小学图书馆与公共图书馆以及高校图书馆在图书导读、文献信息、检索培训、阅读活动、馆员培训、技术支持等各层面、各领域都有合作基础及合作空间。

第八章　高校图书馆学科馆员与
学科化服务研究

高校图书馆学科化服务作为一种新的服务模式和服务机制，它以学科馆员服务为核心，以提升用户信息获取与利用能力为目标，以个性化、学科化、知识化服务为手段，高校图书馆学科馆员与学科化服务研究在图书馆文献信息建设与服务研究中起着重要的作用，本章重点阐述高校图书馆学科化服务发展瓶颈与应对措施以及高校图书馆学科馆员制度与服务研究。

第一节　高校图书馆学科化服务发展瓶颈与应对措施

一、学科化服务面临的发展瓶颈

众所周知，由于全球数字化信息资源的迅猛增长，对用户来说有用信息的寻找不是更容易了，而是更难了。相比手工检索阶段，网络环境下读者对馆员的依赖程度不应该减小，相反应该更高。因为，网络信息的海量和无序是信息用户必须面对的，所以，资源的有序化和检索的便捷需求是明显的。关键是，图书馆——这个知识海洋的中心，和用户——这个在知识海洋中茫然无助的需求者之间继续保持互通有无关系的路径——信息桥梁在哪里？图书馆应该建成什么样形式的、多大荷载量的桥梁才能满足用户"一站式"的信息检索需求？对图书馆人来说，这些问题既是新课题，也是困扰图书馆多年的，难以提升图书馆在高校学术地位的一个老课题。长久以来，因为没有解决好图书馆与读者（网络环境下称为用户）的互动和信息交融问题，图书馆的服务始终游离于高校的教学之外，被"边缘化"了很多年。如果我们再不对用户做深入、透彻的研究，再不主动靠近用户、挖掘用户需求、满足用户需求，找到图书馆与用户之间的契合点，那图书馆的未来可能依旧还是边缘化，等着被时代自然淘汰了。笔者认为，对用户研究的弱化，可能是制约图书馆学科化服务发展的瓶颈之一。

曾经有过这样的比较：国外研究人员 80% 以上的时间用来进行科学研究，只有低于20% 的时间用来查找信息，完成信息综述，因此，国外创新性研究成果很多；而国内研究人员则恰好相反，查资料的时间多了，自然就减少了探索性发现过程，学术造假现象屡禁不止便不足为奇了。中国是世界上发表文章大国，但真正有国际影响力的文章屈指可数，研究成果缺乏创造性和创新性。针对这种科学研究过程中时间分配上的倒挂现象，我们确信：图书馆有责任，也有义务，更有可能，将基于资源的信息服务嵌入到用户的科研活动中去；通过挖掘用户真实的和潜在的信息需求，利用自己所掌握的信息检索技能进行知识的捕获、分析和应用，将信息服务内容与用户的整个学术研究过程结合起来，为用户提供课题策划、内容分析、项目申报、论文发表、成果评价的全过程服务；通过主动参与式服务，帮助用户节省信息检索与信息分析的时间和精力，从而将思考的时间更多地用于创新和创造，从而改变传统的学术研究状况，营造良好的学术研究氛围，使科研人员的研究方法更接近国际研究模式，科研成果更具世界影响力。

学科馆员制度是服务于科研的最佳模式，有利于学科馆员与用户之间的专业信息沟通。随之而来的问题是：学科化服务的程度越高，对图书馆专业人才的要求也就越来越高。

二、制约图书馆学科化服务深化的因素分析

一个组织的活动效率和未来发展，往往决定于少数关键性人才。图书馆学科化信息服务的主体应是精挑细选的、关键性的专业服务人员——学科馆员（应该占馆员的 20% 左右），他们应当具备良好的专业素质和职业素质。但由于各个图书馆这部分精英人才的不足，以及相关配套管理机制的不完善，制约着图书馆学科化服务的深化。

（一）人才问题是制约学科化服务深化的关键

国外学科馆员都是由专业馆员转化而来的（专业馆员都必须是研究生毕业，且具备图

书情报专业知识背景），是图书馆人力资源分工细化的产物，也是图书馆活动社会分工深化的产物。我国高校图书馆的学科馆员则多数是基于岗位设置的需要，自主申报，岗位聘任产生的。因此，人才问题成为影响学科化服务深化的最大瓶颈。特别是有学校相关专业背景的人才明显不足，严重制约着学科馆员制度的顺利实施，集中体现在以下几个方面：

第一，人才选拔问题。高校图书馆学科馆员的选拔还是基于现有人员的，只能说是"矬子里拔将军"。在人员聘任上没有统一的标准，没有形成竞聘机制。有的学校只从职称上要求，如：副高以上必须是学科馆员，基本上不考虑个人学科背景，也不考虑本人的学科服务能力；有的学校更是把工作时间很短的本科生，甚至专科生也放到学科馆员的队伍中来，造成学科馆员的知识结构和知识层次参差不齐，职业操守不同，服务效果也千差万别。

第二，人才使用问题。学科馆员工作的立意很高，但其重要性还停留在工作职责的制定上，即描述性要求多，硬性指标要求的少，多是以"联系""收集"为主。因为没有一套操作性强的、可值得所有高校参考、借鉴、执行的绩效考核指标（考核与普通馆员使用同一标准），致使有些工作开展起来显得很肤浅，甚至很被动地应付各种项目的"次数"的考核，使得多数人在岗位工作中没有目标，难以有突出的业绩表现。学科馆员在图书馆不是被"架空"，就是遭"谴责"，工作的积极性难以被调动起来。

第三，人才素质问题。学科馆员本身也存在服务能力和专业素质先天不足的现状。图书情报专业的学科馆员缺乏学科专业知识，而具备专业背景的人又对学科分类、主题标引相对陌生。不可否认，学科馆员的培养方向是学科文献专家而非学科专家，图书馆没必要在人才专业背景上过分强调个人身份。通过一定时间的培训和继续教育，学科馆员能够满足基本的学科需求。但如果学科馆员本身缺乏上进行心，不能把工作压力变成作为个人成长进步的动力的话，图书馆单纯地依靠少数学科馆员来提高和完善学科化服务层次，充当学科联络员还能胜任，真正嵌入科研过程，恐怕不太现实，至少在短时间内难以达到学科服务的中等水平要求。

第四，人才理念问题。一些建立学科馆员制度的比较早的馆，如：清华大学、北京大学、上海交通大学等图书馆，虽然一直坚守着学科化服务的理念，也在积极探索实践，但还是以"满足用户需求"的阵地式、被动服务模式为主。即：用户提出需求，学馆科员利用自己所掌握的学科专业知识和信息检索知识，依托图书馆现有信息资源，满足用户文献层面的需求，而对更深层次的、科研嵌入式的知识服务的切入点始终把握不好。由于主动服务的意识不强，读者的认知度不高，学科化服务基本上都处于低水平运作状态，学科馆员在一定程度上形同虚设。

（二）用户研究的弱化对学科化服务的影响

学科化服务能否深入，能否真正嵌入到教学、科研之中，关键要看学科馆员对所服务的用户了解多少，并且在真正了解了以后，开展针对性更强的服务。从已有的服务效果看，我们在了解用户需求方面是偏主观，或是凭想象的时候比较多。一般高校都采取边看、边干的无计划工作方式，有点"摸着石头过河"的感觉。开展的一些服务项目和服务内容没能得到用户的呼应，像是在唱独角戏。特别是在有了一些服务成效后，反而陷于进退两难的境地："进"可能会更好地赢得用户的忠诚度，进一步拓展服务空间，但后备人才不足、资金不够，工作难以维系下去；"退"则可能因此而失去信任，从用户的视线中永远地消失，图书馆学术地位的提高可能就永远只是美好的愿望了。造成如此尴尬的境地原因也是多方面的，其中，最主要的原因应该还是图书馆对所服务的群体了解得不够，研究得不透。

目前看来，图书馆对用户研究的弱化主要体现在三个方面：第一，由于对用户利用信息行为研究不够深入，往往对某一行为只是进行简单推测，比如：对用户信息需求分析依旧建立在点击率、下载率、借阅率这样简单的计量统计数据上，而没有对用户在使用这些信息资源后的感受做进一步的调研分析，不了解发生的下载和借阅是否真正满足了用户需求。由于仅仅从统计数据判断用户信息需求可能与用户实际信息需求发生偏离，致使图书馆的学科化服务重又回到大众信息服务的层面，无法体现个性化需求。第二，图书馆在对用户研究的持续性方面，几乎少之又少。即便有些图书馆非常重视用户，有些学者早就着手对用户的研究，但也仅停留在一次性对用户信息需求的问卷调查与分析上，而未曾涉及对群体用户连续性跟踪调查、研究，其后果是把学科化服务的稳定性当作绝对化，而不去对用户在未来信息需求中可能出现的细微变化做必要的调整，渐渐演变为学科化服务与用户需求相去甚远。第三，图书馆与用户之间的联系少、沟通更少。除了每年召开的师生座谈会（也只是少数部门的教师、研究生、本科生参加）之外，问卷调查的周期也比较长。虽然很多图书馆都提供了网络交流方式，如：E-mail、QQ、BBS等，但并不能吸引更多的用户参与图书馆的互动。由于读者参与的少，图书馆的一些决策容易建立在少数读者的反馈意见基础上。这种以点带面的主观分析思路及决策形成于长周期的调研总结之后，并不能及时、真实、准确地反映用户的实际需求，从而造成学科化服务脱离服务客体的需求，成为制约服务层次提高的关键因素。

（三）学科馆员的工作缺乏能动因素

国内15%的高校设立了学科馆员制度，但多数是以兼职身份开展工作。有些馆虽然标明是专职，但在实际工作中，一些日常事务性工作，诸如办馆刊、临时抽调去做些工会工作等占据了馆员很多时间和精力，使学科馆员很难专注于一件事情。很久以来，学科化服务的调子喊得很高，但学科馆员的实际地位等同于普通馆员，并不被同仁认可，难以体现知识服务的价值。关键还有一点：图书馆相对较低的社会地位不但吸引不了馆外的优秀人才，由于图书馆在学校的学术地位相对不如教学单位，在薪酬待遇方面不能实现"岗定薪定"的按劳取酬分配原则，在职称评定以及职务晋升方面也无特殊待遇。馆内具有学科服务能力或发展潜力的人才的稳定性也非常差，流失严重。在图书馆，学科馆员比普通馆员付出的脑力劳动要多得多，但在津贴方面却没有体现出来，学科馆员的积极性、创造性受挫，也使得学科化服务难以实现知识服务的目标。这样一来，嵌入式学科化服务只能成为一种潮流、一种时尚。

三、学科化服务应对机制的建立

要充分发挥图书馆的学科化信息服务功能，适应信息时代自动化和网络环境的信息需求，做好科研嵌入式服务工作，必须全面提高学科馆员的综合素质，解决好"人"的问题。在专业结构上：要求图书情报、计算机网络与其他专业人员分布比例适当，相辅相成。在人员使用上：要改变服务过程中技术与服务脱节的现象，做到技术人员与服务人员的有机结合。制定好的激励政策，充分利用人力资源。在用户研究上：坚持"需求决定服务、服务决定资源；需求决定存在，服务决定成败"的用户服务理念，将用户研究工作制度化、经常化、广泛化，多渠道地收集用户信息，并由专人负责用户分析，拓展服务思路，走出一条适合学科化服务发展的新路子。

（一）建立合理的人才选聘机制

一流的大学必须有一流的图书馆，而一流的图书馆必须有相适应的一流的学科馆员。学科馆员的发展方向很大程度上取决于图书馆未来的发展方向，学科馆员发展的最终目标是"学科文献专家"而不是学科专家。学科馆员的培养目标是明确的，工作职责定位是准确的，图书馆的人才选聘机制就一定要配套，这样才有利于人才的发现与培养。

目前，国内高校图书馆对学科馆员的选拔大致有以下几种做法：第一，从图书馆现有人才资源中挑选业务素质高、工作能力强、知识结构相对全面、熟悉参考咨询工作的馆员，让他们在已具备的素质与能力的基础上，边工作、边进行继续教育，进一步完善自己的知识体系，不断充实自己的知识储备；第二，留用各学科、各专业毕业的本科生和研究生，与学科馆员形成团队，提高图书馆整体知识层次，做好图书馆的学科服务人才储备和梯队建设；第三，引进已经具备学科馆员知识结构和工作能力的高层次人才；第四，从各院系聘任"图情教授"或兼职学科馆员。

笔者认为：采用第一和第二种方式比较有可行性。引进人才虽说简便，可快速进入角色，但要有优厚的工作条件和待遇。以图书馆现有的社会地位和管理机制，很难吸引优秀人才的加盟。况且现在的高校人才冗余现象比较严重，进入指标很少。即便是有指标，真正符合要求的人员可能对自己现在的工作岗位很满意还不愿意调动。所以，引进人才的方式不能解近渴。至于从各院系聘任"图情教授"可以作为学科馆员制度建立初期的一种辅助方式，不能将其作为长期发展战略。毕竟学科教师的工作都很忙，工作压力都很大，再让他们分出一部分精力参与图书馆的建设根本不现实，也不可能。唯一能做到的就是图书馆挖掘自身现有的潜力，具体操作上，我们可做如下考虑：在本馆现有人员中挑选素质高、能力强、有敬业精神的优秀馆员承担学科馆员的工作，不要用岗位等级或职称级别去圈定人选；留选本校各学科、各专业的本科、硕士优秀毕业生，不断充实学科馆员的队伍，是比较切实可行的方法；作为学科服务人才的重要补充，我们可以考虑从重点学科的研究生中聘任品学兼优的研究生作兼职学科馆员，作为图书馆和院系联系的桥梁，或作联络员，或直接参与图书馆的学科化服务，包括特色资源建设等。只要将这三类学科专业人才组成学科服务团队，相信图书馆的学科服务定会有新的层次和新的水平展现。

（二）多途径培养学科馆员

学科馆员的培养必须突破以前单纯依赖培训班的模式，要主动"出击"，拓展多种途径培养。第一，要根据岗位需要，送出去参加各种继续教育和培训，增加与同行交流的机会；第二，与对应院系联合培养学科馆员，除了安排他们听一些专业课外，让学科馆员参与院系专业课程的教学、学术会议，教研室备课等，了解一线教师和学生的信息需求；第三，鼓励学科馆员与专业教师联合开课，将信息检索内容直接渗透到专业课程教学中；第四，要允许学科馆员同时走图书馆和教师两个职称系列，从而消除他们在高校中被定位为教辅人员的心理落差，为图书馆引进和留住高层次的人才提供发展空间；第五，应改变过去单纯为科研人员提供文献资料的方式，突破图书馆在津贴方面的"零和"限定（图书馆人始终混在一个锅里分配学校下拨的津贴），鼓励学科馆员自己寻找科研合作伙伴，不仅在图书馆领取岗位津贴，还可从科研活动中获取一份相应的报酬。图书馆在薪酬方面不做任何限定，包括时间和津贴的比例提成。把学科馆员推向院系科研团队，采用嵌入式信息服务方式参与科研项目的各个环节(包括科研立项、项目申报、信息收集、信息分析、成果鉴定等),使其成为科研队伍中的一员,可以有效地调动其工作积极性,对提高其个人学术研究水平,积累科研经验,实现个人价值,完美职业生涯都是一种发展机遇。

(三)建立长效的用户研究机制

面对庞大而复杂的用户群,图书馆必须改变以往的粗放和无差别的被动服务方式,采取明确定位,瞄准某一细分用户群,以某一细分用户为目标的品牌服务的策略。这种策略可以集中地了解和满足特定的细分用户的需要,实现针对性服务,即从多元化和多层次的用户群中选择确定具有辐射和影响力的核心用户,建立起与本馆服务能力相匹配、适应并能促使用户评价同步提高的核心用户群。

核心用户策略的关键是核心用户的选择及服务内容、服务领域的确定。就某校图书馆目前情况看,我们可以把本校三个重点学院,即:建筑学院、环能学院、土木学院作为核心用户的首选范围,开展用户研究。第一,通过网络建立用户档案,开展不间断的用户需求调查,掌握用户需求规律;第二,建立学科主页、学科博客或学科论坛,为用户搭建不受空间限制的学科对话平台,交流各自研究工作的信息,彼此启发思维,追踪急速变化的学科发展,使最新的学术成果得以及时、广泛的传播;第三,图书馆通过用户在网页和论坛上的信息行为,开展用户跟踪服务,对用户的知识结构特征和信息需求特征进行动态的研究和挖掘,使用户隐性知识需求进一步显性化;第四,通过聘用相同导师、不同年级的研究生的模式,开展定题跟踪服务,了解用户不同科研阶段的信息需求,为在学校其他专业开展学科化嵌入服务打下良好基础;第五,继续开展问卷调查,将调查周期限定为一年一次,参与调查的人员范围和内容范围都要尽可能地广,以全面掌握学校的教学和科研需求。

第二节 高校图书馆学科馆员制度与服务研究

一、高校图书馆建立学科馆员制度的必要性

(一)是满足高校教师专业信息需求,更好地为教学科研服务的需要

高校担负着培养各类专业技术人才的重任,所设置的学科和开设的专业具有很强的专

业性和实用性。随着科学技术的发展，现阶段所设置的学科明显呈现出这样一个特点：自然科学和社会科学汇流，学科间交叉、渗透性较强。相应地，在教学科研过程中，各学科的专家、教授、研究生需要的大多是多学科、多角度的，质高、量大、新颖、来源广的学术文献信息资料。然而，随着信息资源的快速增长和逐步网络化，信息在给人们创造了无限获取空间的同时，也带来巨大的信息污染。大量重复的、低水平的信息资料充斥着搜索引擎。教研人员使用大量时间进行网络检索，却难以找到所需要的、有价值的信息。由于他们教学科研任务重、时间紧，到图书馆来都希望能方便、快捷地找到需要的文献信息；能在有限的时间内，获取价值较高的信息资源。这就需要图书馆专业人员深入了解教学和科研人员信息需求的特点，按照具体专业或学科领域来组织信息资源、提供专业信息服务，从而提高对口学科或专业信息服务的支持力度。

（二）是高校学科建设发展，提高高校学术地位的需要

学科建设是高校工作的重要环节，学科建设状况如何，关系到学校高素质人才的培养，教学质量科研水平的提高，科技创新实力的提高，核心竞争力的形成。也就是说，从根本上反映和体现出学校的办学水平、办学特色、学术地位和竞争力。而这些目标的实现，离不开优质先进的信息服务。对每一个学科来说，若没有图书馆优质的信息服务作为基础，规划和实施宏伟的教学科研项目将难以进行。学科馆员制度的实施，加强了图书馆与教学部门的联系，密切配合与关注学校教学和科研的发展方向，尤其是重点学科和主干学科，新兴学科和边缘学科的建设发展方向。一方面及时组织文献的收集采购工作，为学科建设提供最新、最全、质量高的文献信息资源；另一方面，还可以对院系学科的建设提出建设性的意见。图书馆通过学科馆员制度的实施，为学校的学科建设提供优良的文献保障体系和信息服务。

（三）是满足信息时代高校教师个性化服务需求的需要

网络环境下，高校教师特别是科研学术型用户，其信息需求越来越呈现个性化。高校教师及科研人员在科研过程中常常会遇到各种问题，比如：有的需要相关学科理论方面的中英文书目、相关的专题论文资料；有的要了解自己的专业领域以及相关学科的国内外发展动态；有的需要收集与教学科研有关的各种网络信息资源；有的要求获得某项研究的具体数据、方法与计划；有的要全面了解与某一研究有关的所有文献以及最新动态；等等。他们的信息服务个性化需求已越来越突出，使个性化服务成为21世纪高校图书馆服务的新理念。个性化服务将是图书馆在深度和广度上满足用户信息需求的一个重要手段。一方

面，这种个性化服务能有效地提高信息服务的质量与效率，满足读者和用户的多样化需求；另一方面，通过个性化服务，学科馆员可以更好地了解用户，密切与用户的关系，从而改进学科服务模式。因此，这种针对性强的新型个性化服务方式，成为图书馆学科馆员制度推行中的一项服务内容。

（四）有利于高校图书馆培养高层次人才，充分开发利用人力资源

人力资源开发就是最大限度地调动人的积极性，使其潜在能量尽可能地释放。高校图书馆可通过学科馆员制度，逐渐形成人才优势，更好地为教学和科研服务，使其真正成为文化信息中心和知识创新的基地。因此，高校图书馆不仅要充分挖掘人才、培养人才，而且要合理使用和激励人力资源。针对每个人的学科优势、工作能力，使人员与岗位相匹配，做到分工合理，人尽其才。实施学科馆员制度，把高素质人才聚合到学科馆员岗位上，充分发挥他们的整体优势，将大大增强图书馆的核心竞争力。由学科馆员主动为各学科读者提供高水平、深层次的信息服务，将给具有某学科专业知识的馆员提供施展才学和发展的无限空间，调动他们工作的积极性。同时，要激励学科馆员一方面不断学习文献信息服务的各种技能，另一方面努力完善、更新专业知识，加强专业领域学术研究，从而有利于馆员综合素质的提高和自我价值的实现，更好地发挥图书馆业务骨干作用。再有就是通过学科馆员的工作和业务带头人的作用，带动整个图书馆队伍素质的提高，促进各层次人才协调发展，形成人才队伍建设的良性循环。

二、图书馆学科馆员特色服务内容

我院图书馆已经开展了学科馆员工作，并在实践中进一步丰富学科馆员的工作内容，主要工作内容可包括以下几个方面：

（一）建设馆藏资源

学科馆员深入院系，了解学科发展及对图书馆文献保障服务的需求信息；及时推介图书馆试用的、与学科相关的数字资源；负责试用、评价对口学科的参考工具书和电子资源，收集用户反馈意见，为图书馆数据库引进提供参考建议；自建多个数据库资源，包括光机电一体化数据库、环境与资源综合利用数据库、研究生及本科生学位论文数据库、EI收录院校教师论文数据库等。

（二）开展用户教育，针对学科做数字资源及图书馆服务的培训讲座

学科馆员承担了全校学生的《信息检索与利用》课程教学任务；为加强用户培训工作，

经常性地为对口学科师生提供利用图书馆的指导和培训，包括介绍图书馆的资源和服务等；及时宣传图书馆新增加的资源及服务项目；指导用户掌握最新信息检索技术和手段，帮助用户更好地使用数据库，查找网络资源，最大限度地满足用户的信息需求。

（三）根据需求，为课题组提供定题服务

学科馆员充分利用馆藏文献信息资源和自己的学科知识优势，为对口学科用户提供针对性强、参考利用价值高的定题信息服务。学科馆员根据对口院系教学进度和科研课题进行定人、定题、定向服务，跟踪重点用户，对其教学进度或科研课题提供有关文献信息；跟踪学术研究动态，追踪学术前沿，对一些热点问题、代表论著、新观点等进行收集，并分析研究，以二次、三次文献的形式将学科新动态和新观点及其潜在价值、深层内涵揭示给读者，为其教学科研提供参考。

（四）提供相关的学科咨询服务，编写读者参考资料

学科馆员为对口学科教师、研究生、本科生提供参考咨询服务。通过电话、电子邮件、面对面咨询等方式及时解答读者问题；收集师生对图书馆馆藏建设及服务的意见和建议，作为图书馆调整馆藏及强化服务的依据；定期编写对口学科的读者参考资料、图书馆利用指南和新资源使用指南等。

三、对高校图书馆学科馆员工作的两点建议

（一）建议建立"学科馆员＋图情教授"相结合的工作模式

许多高校图书馆的学科馆员制度采取了与图情教授相结合的方式，如：清华大学、上海交通大学、西安交通大学、南开大学等。他们在对口院系聘请几名图情教授来协助学科馆员的工作，学科馆员定期与对口院系的图情专家保持联系。图情教授一般为对口学院的教授、主管教学和图书资料工作的负责人、资料室的负责人等。他们熟悉本学科的相关情况和发展动态，能弥补学科馆员专业知识不足的缺陷，能帮助学科馆员顺利开展工作。图情教授协助学科馆员开展工作，帮助图书馆了解广大教师对文献信息资源的需求和对图书馆各项服务的意见，及时向教师和研究生通告图书馆的新服务和新资源，保证图书馆与各院系顺畅沟通。各高校图书馆的成功经验证明：建立"学科馆员＋图情教授"相结合的工作模式不失为一种切合我国高校实际的模式，值得我们借鉴。

（二）加强学科馆员制度的宣传，为学科馆员与对口院系的联络创造条件

图书馆应积极对外宣传学科馆员制度。只有高校师生真正了解学科馆员的工作和服务内容后，才会有获得学科馆员服务的需求；而且只有当师生们对图书馆资源和服务的需求达到一定程度时，学科馆员的能力才能充分发挥出来。学科馆员与院系师生联系的方式除了学科馆员上门到院系，以及通过电话、邮件等方式外，应该积极和院系合作，深入到课堂或学术会议中，为学科馆员创造更多与师生接触的机会。通过接触和联系，学科馆员便可有更多的机会开展工作。

学科馆员的工作职责是随着社会进步而不断扩展的。各大学图书馆学科馆员的工作职责都带有自己的特殊性，受到校情、馆情等多种条件的制约。学科馆员的发展定位应该是学科文献信息专家，而不是学科专家。研究型大学图书馆和教学研究型大学图书馆应当把培养学科文献信息专家作为学科馆员制度建设和人才培养的重要内容。

第三节 高校图书馆学科馆员在文献资源建设中的作用

图书馆是学校的文献信息中心，是为教学和科学研究服务的学术性机构，是学校信息化和社会信息化的重要基地。图书馆要根据学校的发展与教学科研的需要，结合自身实际及未来发展趋势，有计划、有重点、有针对性地采集国内外各种文献资源。作为文献信息资源建设的重要环节，图书入藏选择是一个复杂的决策过程。决策者不仅需要具备文献采访理论知识，了解学校教研发展方向，熟悉馆藏文献基础与特色，还要掌握各种类型读者的文献需求以及文献出版、发行信息等。只有具备相关知识和信息，才能根据经费情况，选择订购最适合读者需求，并且符合图书馆藏书建设原则的图书。

学科馆员制度是高校图书馆努力提高服务水平，与现代高等教育发展相适应的一项举措。学科馆员是具有某一学科专业背景，熟悉图书馆馆藏结构和资源利用手段，具有较强的信息组织、加工及文献获取能力的图书馆高级专业技术人员。他们与学校某一学科建立直接工作联系，提供专业化、深层化的信息服务。把学科馆员纳入图书馆"文献资源建设团队"，将会使图书选购行为更加科学化、专业化。

一、学科馆员参与文献资源建设的方式

(一)深入各院系，采集文献需求信息

学科馆员深入各院系，负责协调、传递、采集各院系的文献信息需求，将之汇总给采访馆员，由采访馆员根据需求和图书馆的藏书原则进行订购。一般情况下，教师提出的需求绝大部分都能获得订购批准，由各学科文献专项预算经费来及时、准确购置。

(二)组织教师参与书目选订

学科馆员根据学校各院系的专业设置、课程安排，将收集到的各种书目信息，如：《社科新书目》《科技新书目》，各大出版社提供的新书目等，按各自负责的学科有针对性地送到各院系，组织教师圈选。同时，将电子版书目通过计算机系统挂在图书馆主页上或以电子邮件的方式发送给相关专业教师，供读者荐购。学科馆员负责本学科纸质书目的回收，结合网上荐购书目，汇总查重后，再根据年度专项经费采访计划，结合本馆文献采访规则与图书入藏标准，以及读者需求情况提出采访意见交予采访人员，组织订购。

(三)组织教师参与现场采购

学科馆员根据本馆文献资源建设及学科发展的需要，明确近期图书采购的重点后，有计划、有针对性地组织各院系教师参加各种图书展示会，或赴图书批销中心、书店等现场选购图书。在图书现采前，必须同参加选书的教师说明此次现场采购各专业图书的比例、各类图书的复本量等相关事项；必须培训参加现场采购的教师，指导他们利用图书供应商提供的采集器对所选图书现场查重、输入复本量。现场采购有两种方法：一种是看样书查重，确定复本量，由书商配好送到图书馆；另一种是现场查重，确定复本量，输入复本数，书商直接将所需图书送至图书馆。

(四)书商上门举办图书展览时，做好引荐工作

学科馆员可根据读者需求，及时向采访人员反馈信息，协助举办图书展览，并在图书展览现场做好引荐工作，引导教师根据自己的需要提供图书馆缺藏书目。一般书目上要注明 ISBN 号、书名、作者、出版社、版次等，以备图书馆按书目购进所需。

(五)利用电子邮件、电话、上门服务等方式向读者征询意见

学科馆员还可利用电子邮件、电话、短信、上门服务等方式，向一线教师、学生读者征求文献资源建设意见。对每一位参与资源建设的教师做到服务到家，在文献到馆的第一

时间通知他们，甚至将购进的图书亲自送到他们所在的院系或家里，切实让教师感受到图书馆在全心全意地为他们的教学和科研服务。与此同时，在图书馆网站上及时发布新书到馆信息，并利用图书馆短信服务通知参与荐书的读者。

二、学科馆员参与文献资源建设的作用

（一）文献资源建设更加趋于合理

学科馆员利用自己拥有的学科背景及专业知识，组织和指导教师参与图书馆选书工作，规范了参选者的购书行为，有计划、有组织、有侧重点地开展图书入藏工作，使图书馆的文献资源建设更加系统化、完整化、科学化、合理化，学科专业特色更加明显。

（二）教师的教学科研专业知识得到充分发挥

高校教师处在教学、科研的第一线，他们对自己研究的课题内容、国内外研究的进展、前沿及交叉学科等都有很全面的了解；对本专业学生所需参考文献的深度、广度掌握有度；对自己所从事的专业领域的专家、学者比较熟悉，了解该领域的主要著作，在同类图书的选择上更具有权威性。学科馆员参与文献资源建设，引导教师有目的、有计划地选书，可以充分发挥教师的专业知识优势，保证了图书馆文献资源建设的学术性、针对性和专业性。

（三）文献资源建设的质量得以保障

学科馆员在文献资源建设中，不断了解读者对专业图书的需求比例，引导教师正确地参与选书，图书馆"文献资源建设队伍逐渐扩大、专业覆盖面愈来愈广"，从而选书的准确率越来越高，馆藏结构不断得以优化，对建立有学科特色的馆藏体系具有实际意义，文献资源建设的质量得以保障。

（四）图书馆与各教学院系的联系得以加强

学科馆员利用文献资源建设的机会与院系教师积极交流、沟通，改变了以往"等读者上门"的被动服务状况。可以更加深入地了解学校的专业设置情况及学科发展趋势，了解教师的科研情况和信息需求情况，与教师形成一种默契、互动的协作关系，使文献资源的购进更具专业价值。

参考文献

[1] 张红萍.用户需求对图书馆文献资源建设、管理与服务促进机制——基于扎根理论的研究[J].农业图书情报学报,2022,34(09):95-103.

[2] 李娜娜,孙静怡,高星星.英国伦敦大学亚非学院图书馆文献资源国际化建设经验及启示[J].图书馆学研究,2022(06):88-95.

[3] 周桂林.大数据环境下图书馆文献资源建设模式的变革[J].文化产业,2022(16):101-103.

[4] 赵忠尧,丁燕.图书馆文献资源建设路径创新与保障[J].河南图书馆学刊,2022,42(01):112-114.

[5] 夏玉红.数字化时代高校图书馆特色馆藏建设现状与理路——以浙江省三所高校为例[J].无锡职业技术学院学报,2022,21(02):64-68.

[6] 姜育彦,李雅茹.读者行为数据驱动的高校图书馆馆藏建设模式探析[J].数字与缩微影像,2021(04):39-42.

[7] 盛小平,刘泳洁.图书馆职业能力研究[M].武汉:武汉大学出版社,2020.

[8] 金秋明.高校图书馆特色资源共建共享研究[J].辽宁师专学报(社会科学版),2022(01):136-138.

[9] 张宝琼.网络环境下高校图书馆数字资源共建共享研究[J].兰台内外,2021(20):48-50.

[10] 邵梅艳.图书馆管理及文献信息资源建设[J].数字通信世界,2022(05):179-181.

[11] 王志红.图书馆文献信息资源建设探析[J].科技资讯,2021,19(28):177-179.

[12] 陈力.数字时代图书馆的文献信息资源建设[J].西华大学学报(哲学社会科学版),

2020，39（04）：1-12.

[13]张晨.新环境下图书馆文献资源采访工作探析[J].甘肃科技，2020，36（04）：79-81.

[14]蒋映霞.信息时代背景下学科文献采访体系建构策略研究[J].河南图书馆学刊，2019，39（08）：132-134.

[15]袁钰莹.高校图书馆学科资源建设的创新举措[J].湖北师范大学学报（哲学社会科学版），2021，41（06）：151-156.

[16]赵嘉丽.高校图书馆学科化知识服务模式研究[J].兰台内外，2020（34）：52-54.

[17]李荣，毛玉兰.高校图书馆泛学科化服务探究[J].大学图书情报学刊，2020，38（04）：60-63.

[18]覃凤兰.中小学图书馆（室）研究综述[J].图书馆理论与实践，2017（08）：68-72.

[19]杨玉麟，郭武，熊伟霖.论中小学图书馆的"基础教育价值"和"图书馆职业价值"[J].图书馆论坛，2020，40（12）：102-106.

[20]文献信息资源管理新视点[J].情报理论与实践，2000（01）：66.

[21]杨萍，张素梅.高职图书馆文献管理及加工特点[J].辽宁高职学报，2000（02）：93-94.

尚武崇文　　求道明法

尚友崇文　求真即卓